STEPHEN H. WOLINSKY

EINS WERDEN ODER SICH BEGEGNEN?

Stephen H. Wolinsky

Eins werden
oder sich begegnen?

Quantenpsychologie für die Paarbeziehung

VAK Verlags GmbH   Kirchzarten bei Freiburg

Titel der amerikanischen Originalausgabe:
Intimate relationships. Why they do and do not work
© Stephen H. Wolinsky, 2000
Erschienen bei: Quantum Institute, Capitola/Kalifornien
ISBN 0-9670362-4-0

Die Deutsche Bibliothek – CIP-Einheitsaufnahme

Wolinsky, Stephen H.:
Eins werden oder sich begegnen? : Quantenpsychologie für die Paarbeziehung / Stephen H. Wolinsky.
[Übers.: Elisabeth Liebl]. –
Kirchzarten bei Freiburg : VAK-Verl.-GmbH, 2001
Einheitssacht.: Intimate relationships <dt.>
ISBN 3-932098-87-0

© VAK Verlags GmbH, Kirchzarten bei Freiburg 2001
Übersetzung: Elisabeth Liebl
Lektorat: Norbert Gehlen
Umschlag: Hugo Waschkowski
Satz und Druck: Fuldaer Verlagsagentur, Fulda
Printed in Germany
ISBN 3-932098-87-0

Inhalt

Einführung
9

Vorwort
15

1. Weshalb Beziehungen?
17

2. Falscher Kern – Falsches Selbst
21

3. Unrealistische Erwartungen
51

4. Der Veränderungsmechanismus und die Erwartung des Verschmelzens
59

5. Wohin dieses Buch führt
69

6. Die Ebenen der Beziehung – eine vereinfachte Landkarte
77

7. Die Außenwelt
81

8. Die innere Welt des Denkens
91

9. Die Ebene des Fühlens
97

10. Die Biologie der Beziehungen
101

11. Das Herz – die Ebene des Essenziellen
113

12. Die spirituelle Ebene
119

13. Substitution: Das Verführerische der Wiederverschmelzung
127

14. Selbstbetrug: Ich muss Trennung vermeiden
137

15. Beziehungstrancen: Was uns scheinbar vor der Trennung behütet
141

16. Probleme
155

17. Übertragung und Gegenübertragung in der Partnerschaft
161

18. Falscher Kern und Falsches Selbst in der Partnerschaft
167

Danksagungen
187

Literaturverzeichnis
189

Über den Autor
193

Für Leni, meine lebenslange Partnerin,
und für meine Eltern,
die mich alles über Grenzen gelehrt haben

*Die Probleme, mit denen Männer und Frauen
in ihren Beziehungen zu kämpfen haben,
sind schon Tausende von Jahren alt.
In all der Zeit haben sie sich nicht verändert.
Nur die Art und Weise, in der wir sie sehen,
ist anders geworden.*

Stephen H. Wolinsky

Einführung

Das Beziehungspuzzle

Warum ein Buch über die Gründe für das Nichtfunktionieren von Beziehungen? Augenblicklich finden wir doch überall Bücher, die erklären, warum Beziehungen nicht gelingen und wie sie gelingen können oder gelingen sollten. Vielleicht auch noch einzelne Titel darüber, wie man eine gute Beziehung führt. Ich aber begann über das Thema in meiner üblichen Weise nachzudenken: Ich betrachtete mein eigenes Leben und das, was ich von meinen Klienten, Freunden und Workshopteilnehmern weiß. Daher fragte ich mich: Warum haben meine Beziehungen in der Vergangenheit nicht funktioniert? Habe ich etwas falsch gemacht? Oder habe ich etwas nicht getan, was ich hätte tun sollen? Stimmte mit mir vielleicht etwas nicht? Oder lag es an der Situation? Schließlich waren wir einander auf so vielen Ebenen begegnet – was war bloß passiert? Auf meinen Reisen rund um die Welt habe ich viele Menschen kennen gelernt. Fast jeder von ihnen wünschte sich eine Partnerbeziehung. Und trotzdem schienen nur die wenigsten eine solche zu Stande zu bringen. Warum nur?

Im Jahre 1996, als ich gerade dabei war, meine Trilogie *Der Weg des Menschlichen* zu schreiben, begann ich mir über meine Beziehungen in den letzten vierzig (und mehr) Jahren Gedanken zu machen. Und ich konnte ein bestimmtes Muster erkennen. Da gab es etwas, dessen ich mir nicht bewusst war bzw. das ich einfach nicht wahrhaben wollte. In *Der Weg des Menschlichen* geht es um die Herausbildung des Komplexes von Falschem Kern und Falschem Selbst sowie die verschiedenen Dimensionen der Manifestation und des Bewusstseins.

Plötzlich kam mir die Idee, dass ich das, was zur Herausbildung des Falschen Kerns führt, nämlich die Trennung von der Mutter, und das Konzept der verschiedenen Bewusstseinsebenen auch auf Beziehungen anwenden könnte. Vielleicht gab es da ja einen Zusammenhang, der erklären würde, warum manche Beziehungen funktionieren, andere nicht?

Wenn wir feststellen wollen, weshalb Beziehungen generell gelingen, dann müssen wir zuerst herausfinden, woran sie gewöhnlich scheitern.

Also begann ich, Beziehungen im Lichte der Entwicklungspsychologie zu betrachten. Genauer gesagt bediente ich mich der Vorstellung vom „Trennungsschock", der in Band 2 meiner Trilogie genauer dargestellt wird. Worum geht es bei diesem Schocktrauma? Es entsteht dann, wenn ein Kind im Alter von fünf bis zwölf Monaten bemerkt, dass es *nicht* eins mit der Mutter ist. Diese Schockerfahrung ruft einen so intensiven Widerstand hervor, dass sie – wie ein umfallender Dominostein am Beginn einer längeren Kette – sämtliche künftigen Beziehungen beeinflusst. Als mir dies klar geworden war, verstand ich auch, weshalb Beziehungen gelingen oder nicht gelingen:

1. Fehlwahrnehmungen, die zu verzerrten Beziehungen führen;
2. *unrealistische Erwartungen*, die auf die Schockerfahrung zurückgehen;
3. Vertauschen von Ebenen der Manifestation und des Bewusstseins, verursacht durch die Schockerfahrung.

Vor diesem Hintergrund fiel es mir plötzlich wie Schuppen von den Augen. Es war so offensichtlich. Mit einem Mal bekam das Beziehungspuzzle seine Form und ich verstand, wie es kam, dass Paarbeziehungen so häufig nicht funktionierten. Es lag alles so klar auf der Hand, dass ich zunächst gar nicht begreifen konnte, wieso mir das nicht schon früher aufgefallen war.

Doch bevor wir unserer eigenen Erfahrung zu sehr vorgreifen, sollten wir uns zunächst mit dem Schock der Erkenntnis der Trennung auseinander setzen. Wenn dieses Trennungstrauma unbearbeitet bleibt, führt es zur Erwartung der neuerlichen Verschmelzung. Diese

Verschmelzungserwartung und der Widerstand gegen sie sind Wunden aus der Vergangenheit. Diese Wunden, die aus dem Trennungsschock rühren, bewirken, dass wir unser Menschsein im Hier und Jetzt verlieren und in eine Trance fallen, welche das Erleben der Vergangenheit zum aktuellen macht. Daraus entsteht schließlich eine Verschmelzung bzw. Verwechslung der Manifestationsebenen, denn indem wir eine Ebene durch eine andere ersetzen, glauben wir, hoffen wir, die Schockwunde zu heilen und die Verschmelzung wiederzuerlangen. Diese Schockerfahrung der Vergangenheit und der innere Widerstand gegen die Erfahrung führen letztlich zu unbefriedigenden Ergebnissen und zu einer auf neuerliche Verschmelzung gerichteten Erwartungshaltung. Diese aber wirken sich direkt auf unsere Beziehungen und ihr Gelingen oder Scheitern aus.

In diesem Buch geht es um Beziehungsprobleme, die mit dem Trennungsschock zu tun haben. Die häufig versteckten Symptome dieses Schocks tauchen immer wieder in Beziehungen auf und wir können sie gleichsam als Wegweiser benutzen, die uns zur Wurzel unserer Probleme in Beziehungen führen. Auf diese Weise betrachtet ergeben sich nützliche Hinweise für die folgenden Fragen und Problemkreise:

- Wie und warum Sie dort gelandet sind, wo Sie jetzt sind
- Probleme, mit denen Sie augenblicklich konfrontiert sind
- Welche Gegenmittel gibt es zu diesen Problemen?

Zuerst also müssen Sie feststellen, wo Sie in Ihrer Beziehung im Moment stehen und was Sie darin vermissen. Dann fragen Sie sich, warum Ihre Beziehung funktioniert oder nicht funktioniert. Als letzten Punkt sollten Sie lernen, wie Sie aufhören, sich selbst zu enttäuschen, indem Sie regelmäßig in eine Trance abgleiten, die das, was in der Gegenwart tatsächlich geschieht, leugnet. So verschwenden Sie Ihre kostbare Lebenszeit wenigstens nicht ausschließlich mit Wünschen und Hoffen.

Vor Jahren aß ich mit zwei Freundinnen zu Abend. Eine von ihnen sprach über Beziehungen und die verschiedenen Männer, die sie in ihrem Leben schon kennen gelernt hatte. Da sagte die andere Frau:

„Weißt du, Männer sind wie Kiesel. Du hebst einen auf, siehst ihn dir genauer an und hältst ihn etwa eine Minute lang in der Hand. Dabei entscheidest du, ob du diesen bestimmten Stein behalten möchtest. Wenn ja, dann tu es einfach. Ist die Antwort aber nein, dann leg ihn wieder hin. Es hat keinen Sinn, ihn weiter mit dir herumzuschleppen."

Eine Landkarte für Beziehungen

Wir alle wissen mittlerweile, dass die Landkarte nicht das Land ist, das sie darstellt, und dass Menschen keine Landkarten sind. Gleichwohl können Sie dieses Buch durchaus als Landkarte benutzen. Es beinhaltet Wegweiser, mit Hilfe derer Sie entscheiden können, wo Sie in Ihrer Beziehung stehen und worauf sie gründet. Kurz gesagt: Wo und auf welcher Ebene Ihre Beziehung funktioniert oder nicht funktioniert. Ich hoffe, dass Sie mit diesem Buch entweder Ihre Probleme oder Ihre Beziehung lösen können. Womit wir bei den unsterblichen Worten Dionne Warwicks wären: „Wünschen und Hoffen und Denken und Beten, Planen und Träumen …" ändern nichts an dem, was ist.

Viel Glück wünscht Ihnen in Liebe

Ihr Bruder Stephen

Unser entschlossener Widerstand gegen den Schock der Erkenntnis, dass wir von der Mutter getrennt sind, ist es, der unseren persönlichen Schmerz organisiert und der uns später einen Partner wählen lässt, den wir uns als imaginären Retter denken, der uns den Himmel (die Wiederverschmelzung mit der Mutter) erschließt.

Stephen H. Wolinsky

Vorwort

Das Beziehungsproblem – vereinfacht dargestellt

Nachdem ich meine Trilogie *Der Weg des Menschlichen* fertig gestellt hatte, begann ich die dort herausgearbeitete Sichtweise auch auf Beziehungen anzuwenden. Meine Neugier ließ mich fragen: „Was ist es denn nun genau, was eine Beziehung gelingen lässt oder nicht?" Ich erkannte mehr und mehr, dass wir alle auf unterschiedlichen Bewusstseins- und Manifestationsebenen leben, die alle ihren eigenen Wert, ihre Funktion und Bedeutung haben.

Wo liegt dann also das Problem? Das Problem liegt darin, dass der Trennungsschock, der Widerstand dagegen und die daraus sich ergebenden *Verschmelzungserwartungen* uns verführen, die Ebenen zu vertauschen und sie in der Folge zu verwechseln, weil wir versuchen, den Schmerz der Trennung aufzulösen. Ziel und Zweck dabei ist es, das Problem zu lösen, das der Trennungsschock uns verursacht. Tatsächlich aber leben wir so nur unseren Widerstand gegen den Trennungsschock aus und halten das Problem damit am Leben.

Um dies noch einmal klarzustellen: Ein Kind, das den Trennungsschock erlebt und die Wiederverschmelzung mit der Mutter wünscht, muss Mittel und Wege finden diese zu bewerkstelligen. Einige davon funktionieren, andere nicht. Daher werden die Verhaltensweisen (Manifestationsebenen), die zu Verschmelzungserfahrungen führen oder Widerstand gegenüber dem Trennungsschock erlauben, stärker herausgebildet. Den anderen gegenüber, die keine Verschmelzung mit sich bringen, sondern die Trennungserfahrung noch unterstreichen, entwickelt man Widerstände, Kompensationsstrategien oder gar eine Haltung des Nicht-wahrhaben-Wollens.

Beziehungsprobleme und -klagen

Da Probleme in Beziehungen immer etwas mit dem Widerstand gegen den Trennungsschock und dem Versuch der Wiederverschmelzung zu tun haben, stellen wir eine Beziehung meist nur auf einer Ebene her. Unbewusst oder fälschlicherweise verlieren wir das Bewusstsein der anderen Ebenen, wir vermengen sie oder tauschen eine gegen die andere aus. Denn sicher kennt jeder von uns eines der folgenden Probleme: „Auf emotionaler Ebene verstehen wir uns gut, intellektuell aber überhaupt nicht." – „Ich komme gut mit ihm zurecht, was die äußere Welt betrifft (das heißt wir arbeiten im selben Unternehmen bzw. spielen beide gerne Tennis), aber emotional ist bei ihm nichts zu holen." – „Sex zwischen uns ist wunderbar, leider haben wir uns nicht viel zu sagen." – „Unsere Herzen schwingen wirklich im Gleichklang. Wir unternehmen viel gemeinsam, weil wir uns auf emotionaler Ebene gut vertragen. Leider läuft in puncto Sex überhaupt nichts zwischen uns." – „Irgendetwas fehlt mir in dieser Beziehung, aber ich weiß einfach nicht, was es ist."

Alle diese bekannten Klagen werfen vielleicht schon ein wenig Licht auf das Problem der Paarbeziehungen. Sie alle haben damit zu tun, weshalb diese Beziehungen gelingen oder nicht gelingen.

1

Weshalb Beziehungen?

Auf den ersten Blick sieht diese Frage so aus, als wäre sie leicht zu beantworten. Doch wenn wir ein bisschen nachbohren, merken wir vielleicht, wie viele unbewusste Motive wir haben, gerade mit *dem* Menschen zusammen zu sein, mit dem wir zusammen sind. Oder überhaupt eine Beziehung zu haben. Wenn wir uns diese Motive aufrichtig klar machen, dann erfahren wir vielleicht mehr über uns selbst und unsere Beziehungen.

Auf der biologischen, instinktgesteuerten Ebene haben Menschen den Drang, sich mit ihren Geschlechtspartnern zu vereinigen. Unser Körper verlangt nach menschlicher Berührung, nach Kontakt und Interaktion mit anderen, nach sexueller Intimität und Partnerschaft. Dies sind grundlegende biologische Bedürfnisse, die Teil des menschlichen Lebens sind.

Doch haben wir über das biologische Niveau hinaus noch weitere Bedürfnisse, die ihren Ausdruck und ihre Erfüllung in Beziehungen suchen. Diese beziehen sich auf die anderen Dimensionen der Manifestation (bzw. des Bewusstseins) und gründen auf unseren persönlichen Werten, auf unserer ganz individuellen Persönlichkeitsstruktur. Vielleicht wollen wir einen Partner, um mit ihm unseren Alltag zu teilen. Oder wir wünschen uns emotionale Unterstützung. Manchmal sehnen wir uns nach jemandem, mit dem wir unsere Ideen oder unseren spirituellen Weg teilen können. Möglicherweise suchen wir auch nach tiefer Liebe, nach dem Vertrauen, das mit der Zeit entsteht, wenn wir die Erfahrungen des Lebens teilen. Vielleicht wünschen wir uns auch, für jemanden etwas ganz Besonderes zu sein, zu wissen, dass wir füreinander wirklich wertvoll sind. Auch das Gefühl zueinander zu gehören ist eine starke Motivation für eine Beziehung. Womöglich möchten wir die Sicherheit haben, dass jemand da ist, auf den wir zählen können, wenn wir ihn brauchen.

Wenn wir uns also nach einem Partner umsehen, können all diese Gründe dafür ausschlaggebend sein. Vielleicht zählt für uns persönlich auch nur der eine oder andere. Und die treibende Kraft hinter allem sind letztlich unsere Gene, der biologische Trieb, sich zu vereinigen und einen Partner zu haben, um das Überleben der Art sicherzustellen.

Der Auslöser

Wenn man den frühkindlichen Schock der Erkenntnis des Getrenntseins von der Mutter wieder erlebt, so kann dies Schmerz auslösen. Was dabei vielleicht nicht eingestanden wird: dass wir, um Gefühle, Glaubenssätze oder Selbstbilder zu vermeiden, die uns Schmerz bereiten, unbewusst beschließen, in einer Beziehung auszuharren, die uns nichts mehr zu bieten hat. Es gibt Menschen, die sich *zwischen* ihren Beziehungen nicht ein bisschen Raum oder Zeit lassen, nur um dem qualvollen Gefühl des Getrenntseins aus dem Weg zu gehen. Dieser stark verwurzelte Widerstand gegen das Gefühl des Alleinseins bringt viele Menschen dazu, in Beziehungen auszuharren, die sich überlebt haben. Empfindet ein Mensch beispielsweise eine starke Angst davor, nicht geliebt zu werden, dann bietet ihm eine Beziehung, wie schädlich sie auch immer sein mag, immerhin Schutz vor dieser nagenden inneren Leere und seiner eigenen Angst.

Viele Menschen suchen einen Partner, um dadurch dem Gefühl des Wertlos- oder Alleinseins aus dem Weg zu gehen. Eine Beziehung vermittelt ihnen die Illusion, ein notwendiges Puzzlestück zu besitzen, ein ganz entscheidendes Stück der Außenwelt, von dem sie erwarten, dass es ihnen ein inneres Wohlgefühl schenkt. Und daher halten Menschen eine Beziehung auch auf Kosten ihres eigenen Wohlergehens aufrecht, weil sie dadurch dem Schmerz des Ungeliebt-, Wertlos- und Alleinseins entgehen können. Kurz gesagt: *Sie vermeiden unter allen Umständen eine Trennung.*

Übung

Unten finden Sie ein paar Fragen. Bitte nehmen Sie sich ein paar Minuten Zeit, um Ihre Antworten niederzuschreiben, und achten Sie darauf, was in Ihnen entsteht.

Wenn wir diese Fragen offen und ehrlich beantworten, werden wir klar erkennen, was wir in Beziehungen tun oder meiden, um mit unseren eigenen Gefühlen fertig zu werden.

Schreiben Sie Ihre Antworten auf und achten Sie darauf, welche Gedanken eventuell in Ihnen aufsteigen.

1. Haben Sie jemals eine Beziehung aufrechterhalten, um nicht diesen Glaubenssatz zu erleben: dass tief im Innern mit Ihnen etwas nicht stimmt?
   Falls Ihnen dazu etwas in den Sinn kommt, halten Sie es schriftlich fest.

2. Haben Sie jemals eine Beziehung aufrechterhalten, um nicht solche Gefühle zu erleben: dass Sie tief im Innern wertlos sind?
   Falls Ihnen dazu etwas in den Sinn kommt, halten Sie es schriftlich fest.

3. Haben Sie jemals eine Beziehung aufrechterhalten, um dem Gefühl aus dem Weg zu gehen, dass Sie nichts zu Stande bringen?
   Falls Ihnen dazu etwas in den Sinn kommt, halten Sie es schriftlich fest.

4. Haben Sie jemals eine Beziehung aufrechterhalten, um dem Gefühl aus dem Weg zu gehen, dass Sie tief im Innern ungenügend sind?
   Falls Ihnen dazu etwas in den Sinn kommt, halten Sie es schriftlich fest.

5. Haben Sie jemals eine Beziehung aufrechterhalten, um der Angst aus dem Weg zu gehen, dass Sie eigentlich nicht existieren?
   Falls Ihnen dazu etwas in den Sinn kommt, halten Sie es schriftlich fest.

6. Haben Sie jemals eine Beziehung aufrechterhalten, um dem Gefühl aus dem Weg zu gehen, dass Sie ganz allein sind?
   Falls Ihnen dazu etwas in den Sinn kommt, halten Sie es schriftlich fest.

7. Haben Sie jemals eine Beziehung aufrechterhalten, um dem Gefühl aus dem Weg zu gehen, dass Sie tief im Innern nicht vollständig sind?
   Falls Ihnen dazu etwas in den Sinn kommt, halten Sie es schriftlich fest.

8. Haben Sie jemals eine Beziehung aufrechterhalten, um dem Gefühl aus dem Weg zu gehen, dass Sie völlig machtlos sind?
   Falls Ihnen dazu etwas in den Sinn kommt, halten Sie es schriftlich fest.

9. Haben Sie jemals eine Beziehung aufrechterhalten, um dem Gefühl aus dem Weg zu gehen, dass Sie getrennt sind?
   Falls Ihnen dazu etwas in den Sinn kommt, halten Sie es schriftlich fest.

10. Haben Sie jemals eine Beziehung aufrechterhalten, um dem Gefühl aus dem Weg zu gehen, dass Sie keine Liebe bekommen oder nicht liebenswert sind?
   Falls Ihnen dazu etwas in den Sinn kommt, halten Sie es schriftlich fest.

11. Haben Sie jemals eine unbefriedigende oder schädliche Beziehung aufrechterhalten, um einer der hier genannten Erfahrungen aus dem Weg zu gehen?

Schlussbetrachtung

Diese Fragen helfen Ihnen hoffentlich festzustellen, weshalb Sie eine Beziehung haben und ob Sie damit versuchen eine unangenehme Erfahrung zu vermeiden.

2

Falscher Kern – Falsches Selbst

Der Komplex aus Falschem Kern und Falschem Selbst im Überblick

Bevor wir fortfahren, müssen wir zunächst klären, was man unter den Begriffen „Falscher Kern" und „Falsches Selbst" versteht und welche Funktion sie in unserem Leben und unseren Beziehungen haben. Wenn wir ganz tief in unseren Widerstand gegen den Schock der Erkenntnis hineingehen, gelangen wir zum Falschen Kern. Der Falsche Kern ist die eine Grundannahme, Idee oder Glaubensstruktur, die Sie in Bezug auf Ihre Person hegen. Um diese herum organisiert sich Ihre gesamte Persönlichkeit. Der Falsche Kern liefert uns eine Erklärung für die Erfahrung des Getrenntseins von der Mutter. Sehr häufig suchen wir uns ganz bestimmte Beziehungspartner, von denen wir erwarten, dass sie uns helfen, den Falschen Kern und den Trennungsschock zu überwinden bzw. nicht zur Kenntnis zu nehmen. Manchmal suchen wir auch nach Partnern, die den Falschen Kern verstärken. Darüber hinaus verursacht diese so sehr gefürchtete Erkenntnis der Trennung, aus der der Falsche Kern hervorgeht, unter Umständen eine verzweifelte Reaktion, einen Kampf-oder-Flucht-Impuls, sobald die Beziehung bedroht ist oder zumindest als bedroht wahrgenommen wird.

Das Falsche Selbst ist die Strategie, die wir entwickelt haben, um mit dem Falschen Kern fertig zu werden. Es ist das Falsche Selbst, das sich dafür entscheidet, in einer Beziehung auszuharren, nur um sich nicht allein, ungeliebt, wertlos etc. zu fühlen. Es versucht einen Falschen Kern zu kompensieren, der sich allein fühlt oder machtlos oder … Jeder Versuch der Kompensation aber verstärkt letztlich nur dieses System, das Sie sich nicht zweiteilig vorstellen dürfen: Falscher Kern und Falsches Selbst sind eine Einheit, sie funktionieren nur miteinander, aber *beide sind falsch*. Daher bleiben uns die schmerzhaften Gefühle, auch wenn wir versuchen sie abzulegen. Das Falsche Selbst entwickelt und pflegt nichtfunktionierende Strategien, um eine Beziehung aufrechtzuerhalten, auch wenn dabei das Wohlergeheben des Individuums beeinträchtigt wird.

Der Falsche Kern

Der Falsche Kern ist die eine Schlussfolgerung, die Sie einmal über sich selbst gezogen haben und die nun Ihre ganze Persönlichkeit organisiert und prägt – jeden Gedanken, jedes Gefühl, jede Handlung, Fantasie, Reaktion etc. Diese Kernanschauung drückt auch aus, wie Sie glauben von Ihrer Umwelt wahrgenommen zu werden. In meinem Buch *Die alltägliche Trance* (1993) habe ich diesen Kern das *Organisationsprinzip* genannt. Der Falsche Kern bestimmt unsere Sicht der Welt, unser selbst und unsere Vorstellung davon, wie wir gesehen werden, also unsere gesamte Gefühlswelt.

Es ist von entscheidender Bedeutung, den Falschen Kern genau zu untersuchen, denn wenn Sie an eine falsche Grundannahme glauben, müssen alle Schlüsse, die Sie daraus ziehen, ebenfalls falsch sein. Es ist, als hätten Sie ein Haus auf Sand gebaut und würden versuchen, das „Grund"-Problem zu lösen, indem Sie einige neue Backsteine einsetzen. Die Backsteine stehen in diesem Beispiel für psychologisch oder spirituell orientierte Versuche, Ihrer Persönlichkeit mehr Stabilität zu verleihen. Doch weil das Haus auf einem so schlechten Fundament steht, wird es bei der kleinsten Veränderung in der Außenwelt in sich zusammenstürzen.

> **Quantenpsychologisches Prinzip für Beziehungen:**
> Die unrichtige Schlussfolgerung des Falschen Kerns kann nur zu
> immer weiteren falschen Schlüssen und falschen Lösungen füh-
> ren, da die Schlüsse und Lösungen ja nicht in der gegenwärtigen
> Realität verwurzelt sind.

Der Ursprung des Falschen Kerns

Wie entsteht der Falsche Kern? Zum besseren Verständnis können wir
uns hier einer besonderen Brille bzw. einer Geschichte bedienen, nämlich des Erklärungsmodells der psychoanalytischen Entwicklungspsychologie. Sie geht davon aus, dass das Kind sich nach seiner Geburt
weiterhin eins mit der Mutter fühlt und dass dieser Zustand noch
mindestens fünf bis zwölf Monate andauert. Erst in diesem Alter rea-
lisiert das Kind, dass es von der Mutter getrennt ist. Die Quantenpsychologie der Beziehungen geht davon aus, dass der Falsche Kern die
Schlussfolgerung ist, mit der das Kind sich zu erklären versucht, weshalb diese Trennung geschehen ist. Der Falsche Kern versorgt das Kind
also mit einer falschen Begründung. Von dem Moment an, in dem es
diese falsche Erklärung glaubt, ist der Geist damit beschäftigt, mit den
Strategien des Falschen Selbst den Falschen Kern wieder außer Kraft
zu setzen. Dieses Trennungstrauma nennt die Psychologie „narzisstische Kränkung". Die Lösung, die so für das Problem des Falschen
Kerns gefunden wird, beruht also schon auf einer falschen Schlussfolgerung und ist daher ebenso falsch. Diese falsche Lösung führt zur
Ausbildung des Falschen Selbst, das den Falschen Kern verdecken,
überwinden, transformieren, heilen, leugnen und ihm Widerstand
leisten soll. Mit anderen Worten: Das Falsche Selbst ist da, um den
Falschen Kern zu kompensieren. Sobald sich diese Struktur verfestigt,
ist Ihr psychisch-emotionales und ihr spirituelles Schicksal besiegelt,
was natürlich auch für Beziehungen gilt.

Wenn Kinder sich als von der Mutter getrennt erfahren, verursacht der Schock im Nervensystem eine Verletzung, die so genannte narzisstische Kränkung. In diesem Augenblick beginnt der Falsche Kern sich als Struktur zu verfestigen. Der Falsche Kern besteht aus der *Schlussfolgerung*, die sie über sich selbst ziehen und mit der sie sich zu erklären versuchen, weshalb sie von der Mutter getrennt sind und was diese Tatsache bedeutet. Der natürliche Trennungsprozess wird also mit einer falschen Begründung unterlegt. Beispiele dafür wären: „Ich bin von ihr getrennt, weil ich wertlos bin." Oder: „Ich bin von ihr getrennt, weil ich unzulänglich bin." Oder: „Das Getrenntsein heißt, dass es mich gar nicht gibt." Und: „Ich bin von ihr getrennt, weil ich machtlos bin." Und es gibt noch mehr solcher Begründungen. Auf Grund dieser falschen Schlussfolgerung bringen Menschen unbewusst ihr ganzes Leben damit zu, diese Folgerung in Beziehungen immer und immer wieder zu durchleben, nur um zu beweisen, dass sie wahr ist (sich selbst erfüllende Prophezeiung). Oder sie verbringen ihr Leben damit, diese falsche Grundannahme zu kompensieren, das heißt zu beweisen, dass sie nicht wahr ist. Dann überwiegen die Strategien des Falschen Selbst.

Möglicherweise werden all Ihre künftigen Beziehungen von dem Versuch geprägt, irgendwie mit dem Trennungstrauma fertig zu werden. Sie probieren den Falschen Kern zu verbergen, zu spiritualisieren, zu verändern, zu maskieren, zu rechtfertigen und ihm dadurch neue Kraft zu verleihen. Doch vergessen Sie nicht: Der Falsche Kern ist nichts weiter als eine Idee, die Sie für wirklich halten. Da aber die Lösungsstrategien auf falschen Grundannahmen beruhen, können sie selbst nur ebenso falsch sein. Das Falsche Selbst entsteht erst *nach* dem ursprünglichen falschen Schluss und nach dem Trennungsschock. Daher ist es in sich noch „falscher" als der Falsche Kern.

Ein Beispiel: Jemand, der sich wertlos fühlt, mag nach einer Beziehung zu einem Partner suchen (oder sich von einem solchen angezogen fühlen), der unbewusst die Kehrseite seines Falschen Kerns auslebt. Wenn Ihr Falscher Kern also ist: „Ich bin wertlos", dann fühlen Sie sich vielleicht von jemandem angezogen, der für Sie „Wert" repräsentiert (Falsches Selbst). Wenn Sie sich ungeliebt fühlen (Falscher Kern), dann interessieren Sie sich unter Umständen für eine spirituelle Tradition, in der man die Idee vertritt, dass „Liebe immer siegt". Ähnliches können Sie natürlich auch in einer Beziehung ausleben. Die Quantenpsychologie der Beziehungen sieht die Vorstellung „Ich bin wertlos" als falsche Schlussfolgerung an. Statt diese Folgerung auszuleben und Beziehungen darauf zu gründen, sollten Sie also besser versuchen zu erkennen, worum es sich dabei wirklich handelt, und dann das Ganze aufarbeiten – durch Selbstbefragung und am Ende durch Verabschiedung dieses falschen Konzepts.

Unser innerer Antrieb, der Falsche Kern, ist letztlich nicht mehr als eine Schlussfolgerung, eine Prämisse, ein Konzept, ein Glaubenssatz, eine Idee. Diese Vorstellung haben Sie von sich selbst und sie ist der Motor, der Ihre gesamte Persönlichkeit antreibt – alles, was Sie zu sein glauben. Wenn wir diese Idee ans Licht des Bewusstseins heben, sie gleichsam „auf den Bildschirm" holen, können wir lernen damit umzugehen. Wir können ihr durch Fragen auf den Grund gehen, sie in Frage stellen, abbauen und darüber hinaus gelangen. Nisargadatta Maharaj, der während meiner Zeit in Indien mein wichtigster Lehrer und spiritueller Mentor wurde, sagte dazu: „Wenn du etwas loslassen willst, musst du zuerst wissen, worum es sich handelt." Die Antriebskraft des Falschen Kerns kann mit dem unbewussten Teil unseres Geistes verglichen werden.

Der Falsche Kern läuft sozusagen von selbst wie eine Maschine, die man auf Automatik geschaltet hat. Wenn wir also mit einem anderen Menschen eine Partnerbeziehung eingehen wollen, müssen wir:
1. die Maschine anhalten,
2. ihre Bedeutung herausfinden,
3. sie auseinander nehmen und
4. darüber hinausgehen.

Wie Sie Ihrem Falschen Kern auf die Spur kommen

Wenn Sie Ihren Falschen Kern entdecken wollen, müssen Sie sich nur darüber klar werden, was Sie empfinden – was immer es auch sein mag –, und dann diese Empfindung an ihren Ursprung zurückverfolgen, indem Sie sich fragen: „Was ist so schlimm daran?" Und: „Was ist das Schlimmste daran?" Wenn Sie lange genug am Ball bleiben, werden Sie schließlich auf den Grund gelangen: Sie entdecken eine der möglichen Varianten des Falschen Kerns (siehe oben). Auf diese Weise können Sie feststellen, ob Sie in Ihren Beziehungen Ihren Komplex von Falschem Kern und Falschem Selbst ausleben.

Wie Sie den Falschen Kern abbauen

Herauszufinden, was Ihr Falscher Kern ist und wie er in Ihre Beziehungen eingreift, ist von entscheidender Bedeutung.

Der Falsche Kern organisiert die gesamte Persönlichkeit. Entdecken wir den Falschen Kern, so wissen wir zumindest, wer wir zu sein *glauben* und wie wir in Beziehungen zu reagieren pflegen. Ziel und Zweck dabei ist es zu entdecken, wer wir zu sein meinen, aber *nicht wirklich sind*, und diese Struktur dann *loszulassen*. So finden Sie zunächst heraus, wer Sie sind, und diese Erkenntnis hilft Ihnen am Ende auch, Beziehungsprobleme zu vermeiden.

Der Falsche Kern entzieht sich Ihrem Blick, weil Sie glauben, dieser Kern zu *sein*. Er kann die unterschiedlichsten Formen annehmen, zum Beispiel: „Ich fühle mich *immer* unzulänglich." – „Ich fühle mich *immer* wertlos" Und: „Ich fühle mich *immer* allein." Diese Grundannahmen werden nie in Frage gestellt, da sie so sehr mit unserem „Ich"und „unserem Leben" verwoben sind, dass wir sie gar nicht mehr erkennen. Sie sind transparent und lenken unseren Blick durch eine Brille, die wir nicht bemerken. Ihr Blick wird also immer von diesen Gläsern getrübt (Trübsal!), von diesem Muster, von dem Sie glauben, es sei Sie selbst. Dass Sie eine Brille tragen, bemerken Sie gar nicht.

Wie ich bereits gesagt habe: Der Falsche Kern organisiert Ihre gesamte psychische Struktur. Es gibt nur *einen* Falschen Kern, aber eine unendliche Menge von Versuchen mit ihm fertig zu werden, das heißt: ihn zu überwinden oder ihm in irgendeiner Form Widerstand entgegenzusetzen.

Das Falsche Selbst

Quantenpsychologisches Prinzip für Beziehungen:
Jeder Mensch, dessen unbewusstes Ziel in einer Beziehung es ist, den Falschen Kern des anderen zu ändern oder zu transformieren, wird von seinem Falschen Selbst gesteuert und vom Falschen Kern angetrieben. Daher wird er mit jedem solchen Versuch nur die schmerzhafte Seite der Beziehung verstärken.

Wenn Sie Ihrem Falschen Kern Widerstand entgegensetzen, ihn zu überwinden, zu verbergen, zu heilen, zu spiritualisieren, zu transformieren oder zu rechtfertigen suchen – dann ist Ihr Falsches Selbst am Werk, das als Kompensator wirkt. Und wenn Sie in Beziehungen mit dem Falschen Kern eines anderen Menschen umgehen, dann ist es wieder Ihr Falsches Selbst, das hier agiert – in der Projektion, den eigenen Falschen Kern zu behandeln. Ist Ihr Falscher Kern „Ich bin unzulänglich", dann könnten Sie dies zum Beispiel mit übermäßig analytischem Verhalten auszugleichen versuchen. Wenn der Falsche Kern Ihres Partners in dem Schluss besteht, allein zu sein, dann werden Sie, wann immer er in seinen Falschen Kern abtaucht, Ihren eigenen Falschen Kern spüren. Da Sie damit aber lieber nichts zu tun haben wollen, richten Sie Ihre Aufmerksamkeit auf ihn und analysieren ihn. Dies ist eine Möglichkeit, wie das Falsche Selbst in einer Beziehung reagieren kann, um die Konfrontation mit dem eigenen Falschen Kern zu vermeiden. Das Falsche Selbst dient als Puffer in der Art, wie wir uns selbst der Welt und unserem Beziehungspartner darstellen. Es handelt sich also um unsere sozial akzeptierten Masken, die zeigen, wie wir wahrgenommen werden und uns selbst sehen wollen, um dem Schock der Vergangenheit zu entgehen, den wir in die Gegenwart projizieren.

In Beziehungen präsentieren wir die angenommene Identität des Falschen Selbst häufig ganz automatisch. Unglücklicherweise vergessen wir dabei (und unserem potenziellen Partner ergeht es nicht anders), dass diese Identität falsch ist, etwas, das nachträglich hergestellt wurde, das nicht real ist, eine Eigenschöpfung also. Mit den Jahren fragen wir uns immer öfter, warum wir uns in unseren Beziehungen so missverstanden und fremd fühlen. Wir merken nicht, dass es daran liegt, dass wir immer noch im Komplex von Falschem Kern und Falschem Selbst festsitzen. Und was noch schlimmer ist: Auch unsere „neuen" Partner sind verwirrt und fragen sich, warum sie nicht sind, was sie zu sein vorgeben (Falsches Selbst).

Die Maske des Falschen Selbst ist eine Präsentation, eine Darstellung. Unglücklicherweise verwenden die Menschen in Amerika und Westeuropa viel Zeit darauf, an ihrem Image, ihrer Selbstdarstellung zu arbeiten – ohne zu merken, dass sie damit ihre Zeit einem falschen Selbstbild widmen. Daher fühlen wir uns bei einem Partner zunächst von der falschen Selbstdarstellung angezogen, die den Falschen Kern verbirgt. Mit anderen Worten: *Anfangs* interessieren die Menschen sich *mehr für die Verpackung als für den Inhalt.* Nehmen Sie zum Beispiel eine sexuelle Beziehung, in der wir uns nicht zu sagen trauen, was wir wirklich wollen, aus Angst, wir könnten grob oder „uncool" wirken. Stattdessen ziehen wir unsere Show ab. Wir schaffen ein Fantasiegebilde und verstecken unsere wahren Gefühle in der vagen Hoffnung, dass wir irgendwie schon das kriegen werden, was wir wollen. Genau das ist die Natur des Falschen Selbst – wir bauen einen Wall gegen unsere eigenen Impulse, Gefühle und Triebe auf, um uns selbst vor der Erfahrung des Falschen Kerns zu schützen und sie vor der Umwelt zu verbergen. Auf diese Weise spalten wir uns von unserem animalischen, ursprünglichen Sein ab. Wir schaffen ein Bild, hinter dem wir unsere wahren Bedürfnisse verstecken.

Denken Sie an einen Moment zurück, in dem Sie auf Ihren Partner so richtig wütend waren, letztlich aber doch gute Miene zum bösen Spiel machten, um diese Tatsache zu verbergen. Oder an einen Augenblick, in dem Sie sich von einem potenziellen Partner sexuell angesprochen fühlten und so taten, als wäre dies nicht der Fall. Bei diesen Gelegenheiten ist das Falsche Selbst in voller Aktion.

Wir verleugnen unsere Gefühle einem Falschen Selbst zuliebe, das nicht mehr ist als ein Bild, eine Präsentation, eine Darstellung unserer selbst, in die wir uns verliebt haben und die wir anderen vor die Nase halten, damit ihnen dasselbe passiert. Wie in der griechischen Sage von Narziss, der sich in sein eigenes Bild verliebte. Aber letztlich stellt uns dies nicht zufrieden, weil wir ja wissen, dass diese Identität eine falsche ist. Jedes Quäntchen Liebe, das wir so erhalten, können wir letztlich nicht annehmen. Das Falsche Selbst bildet also nicht nur unseren Schutzwall gegen den Falschen Kern, sondern verleugnet auch noch unsere körperlichen Empfindungen und unsere animalische Natur.

Es kann deshalb gar nicht oft genug betont werden: *Sie sind weder Ihr Falscher Kern noch Ihr Falsches Selbst.* Und das Handeln aus einer *angenommenen* Identität heraus hinterlässt in einer Beziehung natürlich ein Gefühl von Entfremdung, Isolation, Unverstandensein und Kummer. Der einzige Weg, sich wirklich mit anderen Menschen verbunden zu fühlen, ist der von *Essenz* zu *Essenz*, von einem *Ich bin* zum anderen. Damit wir dies schaffen, müssen wir unser Falsches Selbst, unsere kompensatorische Identität, ebenso abbauen wie den Falschen Kern.

Die Dynamik von Falschem Kern und Falschem Selbst

Zwar nimmt der Falsche Kern erst infolge des Trennungsschocks feste Form an, aber er war vorher bereits in latenter Form vorhanden. Diese Grundannahme scheint genetisch-energetisch in uns angelegt zu sein.

Und wie Krebs, Diabetes oder Herzkrankheiten gehört er zum Erbgut unserer Familie. Es gibt dabei keine „Wahlmöglichkeit", denn dies würde bedeuten, dass Sie aus dem Ensemble Ihrer genetischen Anlagen diese oder jene auswählen können. Wer glaubt, hier eine Wahl zu haben, der sitzt einem narzisstischen Irrtum auf, einer infantilen Selbstüberschätzung, die denkt, alles selbst zu erschaffen, für alles verantwortlich zu sein oder sich seine Eltern selbst ausgesucht zu haben.

Diese energetisch-genetische Komponente könnte man vielleicht mit dem vergleichen, was die Homöopathie ein *Miasma* nennt. Hatte Ihr Großvater beispielsweise Tuberkulose, dann haben Sie eine gewisse Neigung zu dieser Krankheit, auch wenn auf der symptomatischen Ebene vielleicht nur eine Neigung zu Erkältungen zu erkennen ist, wenn es regnet. Ein Homöopath wäre in der Lage, diese Verbindung zu erkennen, wenn er Ihre genetische Erbschaft analysieren würde. Genauso gibt es eine genetische Disposition für ein bestimmtes System aus Falschem Kern und Falschem Selbst.

Diese psychische Struktur nennen wir auch „Falscher-Kern-Treiber" und „Falsches-Selbst-Kompensator". Dadurch werden die Rollen unterstrichen, die jeder Teil dieser Struktur spielt: Der Falsche Kern treibt Ihre Persönlichkeitsstruktur an, das Falsche Selbst kompensiert diese falsche Grundannahme, die Sie für Ihr Ich halten.

Stark vereinfachend könnte man sagen, dass Gehirn und Nervensystem auf neurologischer Ebene unsere Erfahrung so organisieren:

1. Ein Teil des Gehirns bemerkt: Es gibt eine körperliche Empfindung.
2. Ein anderer Teil des Gehirns registriert und erkennt diese körperliche Empfindung.
3. Dann erhält sie ihr Etikett: Angst, Glück, Ärger, Traurigkeit etc.
4. Eine neue Ebene des Gehirns greift ein und beurteilt diese Erfahrung: „Traurigkeit ist schlecht." Oder: „Glück ist gut."
5. Daraufhin zieht wieder ein anderer Teil des Gehirns den Schluss: „Ich sollte Traurigkeit in Glück umwandeln. Ich muss etwas tun."

Mit jeder Ebene, die Sie erklimmen, bewegen Sie sich einen Schritt weiter weg von dem, was wirklich ist. Sie entfernen sich von der ursprünglichen Empfindung, die Ihnen sagt, was ist, hin zur *Verarbeitung* dieser Erfahrung im Cortex, die *definiert*, was ist. Schon wenn Sie sich von der einfachen Empfindung (Ebene 1) zur Identifikation derselben als Traurigkeit (Ebene 3) bewegen, werden dabei vom Gehirn und vom Nervensystem eine Menge Reize *unterdrückt* und einige wenige *ausgewählt*, die diesen Schluss zulassen. So entfernen Sie sich immer stärker von dem, was ist. Das Nervensystem wählt eine Information aus, die es weiterverarbeitet, und zieht Schlüsse daraus. Es schließt daraus aber nicht nur, was ist, sondern auch, warum dies so ist. Außerdem erfolgt die Etikettierung und Einordnung der Situation erst *nach* dem Ereignis. Das Nervensystem schließt eine Menge Informationen einfach aus. Es schießt sich auf bestimmte Empfindungen oder Handlungen ein und sucht dann Gründe dafür, die auf Grund der minimalen Information gar nicht stimmen können. Daher ist auch die Schlussfolgerung des Falschen Kerns unrichtig, da sie weit mehr weglässt, als sie berücksichtigt, und daher nicht einmal in die Nähe der Wahrheit kommt. Auch hier handelt es sich um eine Landkarte, eine Vorstellung von dem, was ist. Nicht um das, was wirklich ist.

Alfred Korzybski, der Begründer der allgemeinen Semantik, sagte einmal, die Landkarte sei nicht das Land selbst und die Idee (der Begriff, die Vorstellung) sei nicht das, worauf sie sich beziehe.

Wie das System aus Falschem Kern und Falschem Selbst in Beziehungen funktioniert

Ihre innere Struktur aus Falschem Kern und Falschem Selbst wirkt wie eine Brille, durch die Sie Ihr „Leben" und Ihre Beziehung so oder so wahrnehmen und durch die Sie auch (von Ihrem Partner) gesehen zu werden glauben. Der Falsche Kern, der Sie glauben lässt, dass Sie wertlos seien oder dass mit Ihnen etwas nicht stimme, lässt Sie also jede Beziehungssituation, die Sie erleben, mit dieser Tönung versehen.

Jedes System von Falschem Kern und Falschem Selbst schafft sich dabei für die Beziehung seine eigene Optik. Wenn drei Menschen verlassen werden, so sagt sich der Erste vielleicht: „Ich bin wertlos. Nur darum konnte dies geschehen." Der Zweite reagiert auf dieses Erlebnis mit einem tiefen Gefühl der Machtlosigkeit. Der Dritte meint vielleicht: „Mit mir stimmt etwas nicht. Ich hätte liebevoller, perfekter, in der Beziehung engagierter sein sollen." Jedes System erlebt dieses Trauma durch eine andere Brille und interpretiert es daher anders. Daraus entstehen drei verschiedene Deutungsmuster, drei Geschichten bzw. Rechtfertigungsstrategien für das Ende der Beziehung. Könnten wir die Brille abnehmen (das heißt den Falschen Kern abbauen), dann würden wir ganz natürlich den wahren Fluss des Lebens erfahren, wir wären fähig, mit dem anderen in der *Essenz* zu ruhen, im *Ich bin*, das heißt im Sein ohne Attribute.

Häufig fragt man mich, weshalb unsere *essenzielle Natur* und unser *Ich bin* in Partnerschaften nicht einfach zugänglich seien. Nun, sie sind für unsere Aufmerksamkeit nicht oder nicht ständig verfügbar, weil wir den Hauptteil unserer Konzentration bewusst oder unbewusst ständig auf den Falschen Kern richten, den wir mit Hilfe der Kompensationsstrukturen ausgleichen wollen. Offenheit, Nähe und Verschmelzung sind in Beziehungen höchst erstrebenswerte Ziele. Allerdings können sie den Schock der Erkenntnis des Getrenntseins von der Mutter auslösen und damit unseren Falschen Kern aktivieren. Immer wenn wir versuchen den Falschen Kern zu verändern, zu transformieren, umzustrukturieren oder ihn neu zu programmieren, indem wir das Gute (Gesunde) daraus nehmen und das Schlechte (Ungesunde) weglassen, immer wenn wir versuchen, unsere Laster in Tugenden zu verwandeln, dann sind unsere Kompensationsstrategien am Werk, die versuchen, mit unserem Falschen Kern fertig zu werden. Dieses Falsche Selbst ist ziemlich heimtückisch. Wir müssen uns darüber klar sein, dass Falscher Kern und Falsches Selbst eng zusammenhängen. Eines ist nicht ohne das andere möglich.

Am Ende aber gewinnt der Falsche Kern doch. Er setzt sich letztlich immer durch. So viel Sie in der Beziehung auch geben mögen, um

Ihren eigenen Wert, Ihre Liebenswürdigkeit zu beweisen – tief im Inneren werden Sie sich doch wertlos oder ungeliebt und nicht liebenswert fühlen. Woran das liegt? Weil das Geben aus dem Falschen Selbst heraus erfolgt und es die Absicht hegt, damit Liebe oder Wert zu erlangen. Es ist also das Falsche Selbst, das gibt, um den Falschen Kern zu verbergen.

Und wenn Ihr Falscher Kern Sie der Unfähigkeit zeiht, dann können Sie noch so sehr zu beweisen versuchen, dass dies nicht der Fall ist. Am Ende werden Sie sich doch wieder ganz genauso fühlen: unfähig, zu nichts nütze. Das Problem dabei ist, dass die *essenzielle Natur* und das *Ich bin* in den Schock verwickelt sind und mit dem Falschen Kern vermischt werden. Nach dem Schock der Trennung kommen wir ganz automatisch zu dem Schluss, dass er von der *essenziellen Natur* bzw. dem *Ich bin* verursacht wurde. Dann wird die leere Natur des Bewusstseins falsch etikettiert und die ihr innewohnende Qualität der *Raumhaftigkeit* wird als Mangel und Leere missdeutet.

So leugnen und meiden wir unsere *essenzielle Natur*, das zustandslose Sein, weil wir sie mit dem Schock der Trennung in Verbindung bringen. Wir lasten diese Trennung der essenziellen Natur an. Deshalb versuchen wir sie loszuwerden. Doch wenn wir unser Gewahrsein der *Essenz* steigern wollen, müssen wir unsere Aufmerksamkeit von der Fixierung auf die Struktur aus Falschem Kern und Falschem Selbst befreien. Sobald wir erkannt haben, dass wir diese innere Struktur nur geschaffen haben, um das Chaos der narzisstischen Kränkung zu organisieren, und bereit sind, sie loszulassen, wird unsere innere Wunde heilen. Dann ändert sich alles. Unsere Fixierung auf den Falschen Kern und seine Kompensationsstrukturen lässt nach und damit gerät unsere essenzielle Natur (das *Ich bin*) immer stärker in unser Bewusstsein. Damit werden auch die *Erwartungen an den Beziehungspartner* geringer. Diese Erfahrung kommt dem gleich, was man im Zen-Buddhismus ein großes Erwachen nennt.

Therapien sind oft deshalb erfolglos, weil man dort versucht, eine Lebensgeschichte zu heilen, die auf einem Fehlschluss beruht; auf einem Fantasieprodukt, das unser Nervensystem ersann, um für den

Trennungsschock eine Erklärung und eine neue Struktur zu finden. Außerdem versuchen klassische Therapien häufig, das Falsche Selbst in seinem Kampf gegen den Falschen Kern zu unterstützen. „Therapie" bedeutet in diesem Fall nichts weiter als die Erfindung neuer Kompensationsstrukturen. Man handelt dann, „als ob" der Fehlschluss Wirklichkeit wäre. So wird die Fehldeutung, die das Kind dem Trennungsschock unterlegt, weiter maskiert, bearbeitet, transformiert etc. In diesen Prozess findet unsere essenzielle Natur keinen Eingang. Sie wird geleugnet, während das Falsche Selbst ironischerweise gleichzeitig nach der *Essenz* sucht, um das Problem endgültig zu lösen. Dadurch wird die Fixierung auf die innere Struktur aus Falschem Kern und Falschem Selbst noch verstärkt. Dabei müssen wir diese doch loslassen, wenn wir unsere essenzielle Natur erkennen wollen.

Wenn Sie sich der Trance des Falschen Selbst nicht bewusst werden, werden Sie diese in Ihren Beziehungen immer und immer wieder ausleben.

Drei wichtige Erkenntnisse im Hinblick auf Falschen Kern und Falsches Selbst

Punkt 1: Die erste Identität, also der Falsche Kern, ist die stärkste. Nehmen wir einmal an, sie lautet: „Ich bin nicht wert, geliebt zu werden." Dann wird die oder der Betreffende ständig versuchen, ihre (seine) Liebenswürdigkeit zu beweisen. Aber das Falsche Selbst schafft es nicht, mit dieser Grundannahme fertig zu werden, denn alle Versuche, den eigenen Wert unter Beweis zu stellen, beruhen letztlich auf dem Gefühl, dass der Betreffende es nicht wert ist geliebt zu werden. Daher ist es ganz egal, wie viel Erfolge diese Person in ihrem Leben einheimsen wird – tief im Herzen fühlt sie sich doch immer schlecht.

Punkt 2: Sie, das heißt Ihr *Ich bin*, waren *vor* den Identitäten da. Und während die Identität „Ich bin nicht wert, geliebt zu werden" sich durchaus auflösen kann, bleibt das *Ich bin* immer da. Daher können Sie nicht Ihre „Identitäten" sein. In der Therapie benutze ich häufig folgenden Satz, wenn ich einem Patienten klar machen will, dass er nicht seine Identität ist: „Wo liegt der Unterschied zwischen Ihnen und diesem Bild, Gefühl oder Gedanken, der Sie als … definiert?" (Lücke nach Belieben füllen.)

Punkt 3: Das „Ich", das „Sie" zu sein glauben, gehört zum Komplex aus Falschem Kern und Falschem Selbst. Wenn dieser verschwindet, gibt es kein „Ich" mehr. Nisargadatta Maharaj stellte seinen Schülern immer wieder folgende Frage: „Was war zuerst da: du selbst oder dein Ich?"

„Ungekochte Saat" in der Beziehung

In Indien ist die Metapher von den Saat- oder Samenkörnern recht geläufig. Nehme ich nämlich solche Samenkörner, lege sie in die Erde und begieße sie entsprechend, dann wächst daraus eine Frucht. Wenn ich aber dieselben Körner nehme und sie in einem Topf koche oder röste, dann kann ich sie einpflanzen und begießen, so viel ich will – nichts wird daraus entstehen. Die Saatkörner werden so zur Metapher für noch nicht aufgearbeitetes psychisches Material, also alles, was zum Falschen Kern und zum Falschen Selbst gehört. Um im Bild zu bleiben: Unsere Bewusstheit ist die Hitze, mit der wir die ungekochte Saat (unsere unverarbeiteten, unterdrückten Vorstellungen) sterilisieren. Wir setzen also unsere Achtsamkeit ein, um die Samenkörner (Glaubenssätze, Gedanken, Vorstellungen, Meinungen, Interpretationsmuster etc.) zu behandeln, sodass sie nicht mehr sprießen und giftige Früchte tragen können. So wird uns die Erfahrung der essenziellen Natur viel eher zugänglich, weil unsere Aufmerksamkeit nicht ständig unbewusst an den giftigen Samen hängt. Leider kann aber mit jeder Veränderung in der Außenwelt ein anderer Aspekt des Falschen Kerns (andere ungekochte Saat) hervortreten. Nehmen Sie zum Beispiel einen Menschen, der keine Beziehung hat. Es geht ihm gut, er ist zufrieden. Doch sobald er jemanden kennen lernt und die Außenwelt sich ändert, sobald der Kontakt sexuelle Züge annimmt, was passiert dann? Dann fangen all die ungekochten Saatkörner in beider Psyche sofort fleißig zu sprießen an.

Quantenpsychologisches Prinzip für Beziehungen:
Je nachdem wie sich der äußere Kontext verändert, treten verschiedene Aspekte Ihrer ungekochten Saat (Ihres Falschen Kerns) hervor.

Beispiele für verschiedene Formen des Falschen Kerns

Versuchen wir doch einmal, uns die verschiedenen Brillen aufzusetzen, die uns verschiedene Ausformungen des Falschen Kerns mit seinen kompensatorischen Strategien (Falsches Selbst) anbieten.

Stellen wir uns einen Menschen vor, der vierzig ist und eben das Ende einer Beziehung erlebt hat.

Eine mögliche Ausprägung des Falschen Kerns könnte sein: „Mit mir stimmt etwas nicht. Deshalb ist mir das geschehen."

Ein anderer Falscher Kern könnte sagen: „Ich bin wertlos. Sogar mein Partner behandelt mich, als ob ich nichts wert wäre."

Ein weiteres mögliches Reaktionsmuster wäre es, innerlich einzufrieren und sich völlig „unfähig" zu fühlen, etwas gegen das Geschehen zu unternehmen.

Möglich ist auch folgende Interpretation: „Ich lebe in Scheidung – das bedeutet, dass ich absolut unzulänglich bin. Es ist mein Fehler. Ich habe alles falsch gemacht."

Es gibt Menschen, die das Erlebte von ihrer Persönlichkeit abspalten, das heißt dissoziieren: „Ich bin ja ohnehin nichts. Ich habe auch nichts. Ich existiere ja gar nicht. Daher ist vielleicht auch gar nichts geschehen." Sie lösen sich sozusagen aus der emotionalen Dimension ihres Erlebens, die mit diesem Ereignis verbunden ist.

Eine weitere Möglichkeit: „Dies bedeutet, dass ich für immer allein sein werde."

Andere Menschen reagieren vielleicht mit dem Gefühl der Unvollkommenheit: „Ich bin nicht gut genug. Wenn ich gut genug wäre oder genügend Erfahrung hätte, dann wäre mir das nicht passiert."

Auch Machtlosigkeit ist ein häufig vorkommendes Interpretationsmuster. Interessanterweise versuchen diese Menschen sich ihre Macht zu beweisen, indem sie sich sagen: „*Ich* habe den Bruch herbeigeführt. Tatsächlich habe *ich* ihn (oder sie) veranlasst, so zu handeln." In Wirklichkeit aber wurde dieser Mensch verlassen.

Oder die Betroffenen liefern eine andere Form der Fehlinterpretation, die besagt: „Ich wusste ja, dass es keine Liebe auf der Welt gibt und dass ich einfach nicht liebenswert bin."

Die wichtigsten Ausprägungen des Komplexes von Falschem Kern und Falschem Selbst

Vielleicht entdecken Sie sich in einigen der folgenden Sätze sofort wieder oder glauben, ein bestimmter Satz könne sich niemals auf Sie beziehen. Doch die wahre Grundkonstellation zu finden braucht wirklich Zeit. Denn meist treibt uns das an, was wir für völlig unmöglich halten, und was wir zu wissen glauben ist in Wirklichkeit bedeutungslos.

Falscher Kern	Falsches Selbst
Mit mir stimmt etwas nicht.	Ich versuche zu beweisen, dass mit mir alles in Ordnung ist.
Ich *bin* wertlos.	Ich versuche zu beweisen, dass ich wertvoll bin.
Ich *bin* unfähig etwas zu tun.	Ich versuche zu beweisen, dass ich Leistung bringen kann.
Ich *bin* unzulänglich, ein Versager.	Ich versuche meine Fähigkeiten unter Beweis zu stellen. Ich existiere nicht. Ich versuche meine Existenz zu beweisen.
Ich *bin* allein.	Ich versuche zu beweisen, dass ich kontakt- und bindungsfähig bin.
Ich *bin* unvollständig.	Ich versuche zu beweisen, dass ich vollständig bin.
Ich *bin* machtlos.	Ich versuche zu beweisen, dass ich mächtig bin.
Ich *bin* ohne Liebe.	Ich versuche zu beweisen, dass ich liebenswert bin.

Versuche, das System aus Falschem Kern und Falschem Selbst zu behandeln: Was ist die treibende Kraft?

Sie müssen willens sein alles, was kommt, zu betrachten und bewusst aufzunehmen. Oder wie Nisargadatta Maharaj formulierte: „Du kannst etwas nicht loslassen, bevor du weißt, worum es sich handelt." Wenn Sie den Komplex aus Falschem Kern und Falschem Selbst nicht abbauen, werden Sie ihn in Ihren Beziehungen immer wieder ausleben.

> **Quantenpsychologisches Prinzip für Beziehungen:**
> Je enger die Beziehung, desto wahrscheinlicher ist es, dass dabei die innere Struktur von Falschem Kern und Falschem Selbst gelebt wird.

Bei dem Bemühen über die psychische Struktur von Falschem Kern und Falschem Selbst hinauszugelangen versucht das Falsche Selbst den angeblichen „Grund" für den Schock aus der Welt zu schaffen – was den Schock selbst nicht vermindert. Denn sogar die Versuche, den Falschen Kern zu behandeln oder zu heilen, verstärken ihn nur, weil wir dabei immer noch versuchen ihn loszuwerden oder zu kompensieren. Das Falsche Selbst ist eng mit dem Falschen Kern verbunden. Es entsteht später als der Falsche Kern und da es direkt auf ihm beruht, ist es noch viel „falscher" als dieser Kern selbst. Alle Versuche, den Falschen Kern zu überwinden, gehen auf das Falsche Selbst zurück. Warum aber sind unsere Kompensationsstrategien nicht in der Lage den Falschen Kern zu heilen? Ganz einfach: Weil Falscher Kern und Falsches Selbst eins sind. Sie sind ein Ganzes wie das Aus- und Einatmen beim Vorgang des Luftholens. Eines kann nicht ohne das andere existieren. Daher lege ich bei der Beschreibung des Falschen Selbst immer größeren Wert auf die Darstellung des zu Grunde liegenden Falschen Kerns, da dieser näher an der Erfahrung liegt. Denn schließlich ist es der Falsche Kern, der unsere Persönlichkeit antreibt.

Einige psychologische Schulen halten das Falsche Selbst für „gesünder" als den Falschen Kern. Die Quantenpsychologie der Beziehungen geht vom Gegenteil aus: Die Schicht der Kompensation macht vielleicht einen gesünderen, sozial eher akzeptablen „Eindruck". In Wirklichkeit aber stellt sie eine voll in die Persönlichkeit integrierte Altersregression dar, die sich mit Hilfe des Falschen Selbst gegen das (An)Erkennen der Trennung und das Akzeptieren des Falschen Kerns wehrt. Solange wir das Falsche Selbst mit seinen verführerischen, heimtückischen Strukturen nicht als Illusion, als integrierte Altersregression verstehen, solange wir den Schmerz, der dahinter steht, nicht gefühlt und losgelassen haben, sind wir nicht in der Lage, diesen Komplex abzubauen.

Viele Menschen reagieren auf ihren Falschen Kern mit der Vorstellung: „Wenn ich nur nicht so … wäre, dann wäre ja alles in Ordnung!" (Die Lücke können Sie nach Belieben füllen!) Daher versuchen sie immer und immer wieder diese innere Struktur durch Überkompensation loszuwerden. Ein paar Beispiele: „Um mit diesem …(-Problem) fertig zu werden, nehme ich mir einen neuen Liebhaber." (Lücke nach Belieben füllen!) Oder: „Ich werde mehr Geld verdienen und dann fühle ich mich nicht mehr so …" Oder: „Wenn ich erst mehr Erfahrung habe, werde ich findig genug sein, um … „Doch diese Versuche das Grundproblem zu heilen, zu transformieren oder loszuwerden gehen vom Falschen Selbst aus und verstärken daher den Falschen Kern bloß. Anders ist es, wenn Sie Ihren Falschen Kern schlicht zur Kenntnis nehmen: „Hey, das ist mein Falscher Kern, der sich immer sagt: … (Lücke nach Belieben füllen!) Ist das nicht interessant? Mein ganzes Leben habe ich um eine Idee aufgebaut, die nicht der Wirklichkeit entspricht!" Von diesem Moment an erkennen Sie, dass der Falsche Kern nur eine gedankliche Vorstellung ist – und noch dazu eine falsche.

Als Nächstes studieren Sie Ihren Falschen Kern und bauen ihn ab, bevor er Ihnen wieder aus dem Blickfeld schwindet. Sie können ihn wahrnehmen, beobachten, jeden Gedanken, jedes Gefühl, jede Fantasie bis zu ihren Ursprüngen zurückverfolgen. Dann erkennen Sie, wie Ihr ganzes Leben sich um diese eine Grundannahme herum aufbaut. Von diesem Moment an sind Sie in der Lage, sie mittels der Methode der Selbstbefragung abzubauen. Diese Selbstbefragung wird so lange weitergehen, bis Sie feststellen, dass Sie weder der Fragende sind noch der, der die Antworten gibt. Aber dieses Verständnis kommt sehr viel später, wenn Sie bereits erfahren haben, dass Ihre ganze Persönlichkeit um diese einzige innere Struktur herum aufgebaut ist. Erst dann können Sie die Zwangsfixierung auf die gedankliche Struktur des Falschen Kerns aufgeben und gleichzeitig Ihre Aufmerksamkeit befreien.

Viele therapeutische Systeme beschränken sich auf die Behandlung des Falschen Kerns. Sie versuchen ihn zu heilen, zu verändern oder zu überwinden. Dabei setzen sie vollends auf die Mechanismen des Falschen Selbst. Sie schaffen falsche, spiritualisierte Archetypen wie den Sündenfall, um einen natürlichen, biologischen Trennungsprozess zu erklären und zu rechtfertigen, nämlich die Erkenntnis des Getrenntseins von der Mutter und den damit zusammenhängenden Schock. Diese Systeme sind für sich gesehen vielleicht nicht einmal so schlecht. Ihre Negativwirkung besteht eben darin, dass sie die Dualität von Falschem Kern und Falschem Selbst in Beziehungen bloß verstärken.

Viele Menschen sind irritiert durch Fragen wie: „Welche Kraft steckt wirklich hinter meiner Persönlichkeit? Um welche Struktur herum baut sich mein gesamtes Leben auf?" Um befriedigende Beziehungen aufbauen zu können, müssen Sie Ihren Falschen Kern klar erkennen, damit Sie herausfinden, wie Ihr Verhalten letztlich von eben dieser Grundannahme geprägt wird. Dies ist ein gewaltiger innerer Prozess. Sie verfolgen Ihre Handlungen, Gefühle, Gedanken zurück bis zu Ihrer grundlegenden Überzeugung von sich selbst. Sobald Sie dort angekommen sind, müssen Sie sich darin versenken. Es führt kein Weg daran vorbei. Versuchen Sie nicht, diese Struktur zu ändern. Sobald Sie ihr Widerstand leisten oder sie loswerden wollen, verstärken Sie sie nur. Dies sind die fünf großen W, mit denen das Falsche Selbst auf den Falschen Kern reagiert: Widerstand, Wieder-Durchleben, Wieder-Erschaffen, Wieder-Verstärken und Wieder-zu-lösen-Versuchen.

Sie müssen sich in Ihren Falschen Kern versenken und sich dem Schock der Trennung stellen. Nur dann haben Sie die Wahl, diesen Kern *ausleben* oder *loslassen* zu können. Das heißt nicht, dass Sie die Grundannahme glauben sollen. Sie beobachten einfach nur *ohne von ihr loskommen zu wollen*. Möchten Sie darüber hinausgelangen, dann lernen Sie auf der Ebene des nonverbalen *Ich bin* zu verharren, die dem Falschen Kern vorgelagert ist.

Jede Bewegung im Geist entsteht durch das Zusammenspiel von Falschem Kern und Falschem Selbst. Nisargadatta Maharaj meinte, man müsse die Widersprüche im Geist (im Falschen Kern und im

Falschen Selbst) zur Kenntnis nehmen und sich gleichzeitig klar machen, dass dies nicht das eigene Selbst ist. Bei den Bewegungen des Geistes geht es fast immer darum, den Schmerz des Falschen Kerns zu vermeiden, der nichts weiter ist als eine falsche Begründung für eben diesen Schmerz. So hat das Falsche Selbst etwas, mit dem es fertig werden muss. Da aber die eingebildete Begründung für den Trennungs-schock falsch ist, sind es die danach entwickelten Lösungsstrategien ebenfalls. *So beraubt die Struktur von Falschem Kern und Falschem Selbst Sie der Möglichkeit, eine tiefe Beziehung zu erfahren.* Die zwang-hafte Natur dieses Systems bindet all Ihre Aufmerksamkeit, sodass Sie der essenziellen Natur des *Ich bin* nicht mehr gewahr werden, weil Sie sie ja für den Trennungsschock verantwortlich machen. Die Beziehun-gen, die Sie eingehen, beruhen also auf dem Komplex von Falschem Kern und Falschem Selbst, der sich in der Folge des Trennungsschocks ausbildet.

Sobald Sie Ihren Falschen Kern aber „erfasst" haben, können Sie alle Strategien des Falschen Selbst bis zu ihm zurückverfolgen und an diesem Punkt verharren, bis er sich auflöst.

Die Strategie der Selbstbefragung

Wie dieser Prozess funktioniert, möchte ich Ihnen an einem Beispiel näher erläutern: Stellen wir uns vor, ich wäre in meinem Arbeitszim-mer in Oakland und fantasierte, dass meine Partnerin und ich viel lie-bevoller und kommunikativer miteinander umgehen. Dann frage ich mich: *Wenn dieser Traum nicht wahr wird, was wäre das Schlimmste daran?* Oder: *Was ist überhaupt Schlimmes daran?* Nun, das Schlimm-ste an der Tatsache, dass meine (fiktive) Partnerin wenig Gefühle zeigt und nur wenig mit mir kommuniziert, ist, dass ich mich dann leer fühle, weil ich nicht bekomme, was ich mir wünsche. Damit setze ich dann die Befragung fort: „Was ist schlimm daran, sich leer zu fühlen, so als würden meine Wünsche nie erfüllt?" Darauf lautet die Antwort viel-leicht: „Nun, dann will niemand etwas mit mir zu tun haben und ich bin ganz allein." Und damit geht es weiter: „Was ist schlimm daran, allein zu sein?" Antwort: „Dann liebt mich niemand." Frage: „Und was ist schlimm daran, nicht geliebt zu werden?" Antwort: „Aber das ist doch das Schlimmste überhaupt!" Ich stelle meine Fragen so lange, bis dieser Punkt erreicht ist: „Das ist das Schlimmste überhaupt!"

Sobald Sie Ihren Falschen Kern kennen, können Sie all Ihre Fantasien darauf zurückführen, ganz egal, ob diese nun angenehm bzw. unangenehm sind oder Sie gleichgültig lassen. Alles, was Sie denken oder tun, geht auf diesen einen Punkt zurück. Was aber macht es so schwierig, diesen Punkt zu finden? Nun, zwischen dem Falschen Kern und dem Falschen Selbst liegt ein Bereich des Vergessens, denn das Falsche Selbst will vom Falschen Kern schließlich nichts wissen. Zu unserem Glück ist aber keine Trance und kein seelisches Versteckspiel hundertprozentig wasserdicht, sodass irgendwo die versteckte Tatsache, das heißt der Falsche Kern, wieder hervorlugt. Daher wird das Falsche Selbst mit dem Falschen Kern nie fertig, welche Techniken es auch immer anwenden mag. Die Probleme aber entstehen dadurch, dass wir der Instanz des Falschen Selbst immer in die Hände spielen, wenn wir versuchen, den Falschen Kern zu ändern. Vor einigen Jahren kam ein Mann in einen meiner Workshops zu eben diesem Thema. Er meinte, er habe bemerkt, dass er diesen Workshop eben deshalb mache, *um nicht allein zu sein*. Das Falsche Selbst ist geschickt, so geschickt, dass wir manchmal gar nicht merken, was vorgeht. Sie sind davon überzeugt, dass diesmal alles anders wird (und dass Sie endlich die Wunde Ihres Falschen Kerns heilen können), doch stattdessen geschieht immer und immer wieder dasselbe.

Wie Sie das System von Falschem Kern und Falschem Selbst aus den Angeln heben können

1. Erkennen Sie die Existenz des Falschen Kerns an.
2. Besitzen Sie ihn, seien Sie Ihr Falscher Kern.
3. Und dann treten Sie heraus. Machen Sie sich klar, dass Sie nicht Ihr Falscher Kern sind.

Kann der Falsche Kern erneut aktiv werden,
nachdem er einmal losgelassen wurde?

Die Antwort ist eindeutig ja. Unter Stress wird der Falsche Kern sich erneut bemerkbar machen. Aber je mehr Sie mit dieser Struktur vertraut sind, desto eher spüren Sie, dass sie wieder am Werk ist. Dann können Sie sie auch leichter wieder loslassen statt sie auszuagieren. Einer seiner Schüler fragte Nisargadatta Maharaj eines Tages: „Machen sich solche Dinge eigentlich auch bei Ihnen bemerkbar?" Und dieser antwortete: „Natürlich, aber ich merke *sofort*, dass das nichts mit mir zu tun hat, und nehme dann Abstand davon." Eben deshalb sollten wir in der Lage sein die Winkelzüge des Falschen Selbst zu erkennen und jeden Gedanken, jedes Gefühl und jede Fantasie auf ihre Quelle, den Falschen Kern, zurückzuführen.

Wie man mit Falschem Kern und Falschem Selbst
umgehen kann

Wie ich bereits ausgeführt habe, entsteht das Falsche Selbst als Ausgleich zum Falschen Kern. Das ist das Schlechte daran. Das Gute ist, dass Sie weder das eine noch das andere sind. Sie sind weder Ihr Falscher Kern noch Ihr Falsches Selbst. Beide sind nur gedankliche Konstrukte, vorgefertigte Konzepte. Unglücklicherweise glauben viele Menschen an die Realität dieser Gebilde. Sie glauben, ihre Existenz erschöpfe sich darin. Dabei sollten Sie das Ganze eher so sehen: Bevor Sie Ihren Falschen Kern ausbildeten, waren Sie einfach da, in einem zustandslosen Zustand ohne Gedanken, Erinnerungen, Gefühle, Assoziationen oder Wahrnehmungen. Wenn Sie nun Ihren Falschen Kern gehen lassen, dann sind *Sie* immer noch da. Daher können Sie weder Ihr Falsches Selbst noch Ihr Falscher Kern sein. Denn wenn beides weg ist, dann ist das *Ich bin* immer noch da.

Registrieren Sie einfach jeden Gedanken, den Sie haben, jede Erfahrung, die Sie machen. Nun bleiben Sie einfach in dem Raum vor dem Gedanken. Der Falsche Kern ist ja nur deshalb so mächtig, weil Ihre ganze Aufmerksamkeit, Ihr gesamtes Bewusstsein *unbewusst* auf ihn fixiert ist. Und weil Sie immer versuchen diese Erfahrung in irgendeiner Form zu „behandeln".

Wenn die Struktur von Falschem Kern und Falschem Selbst intakt ist, kann sich das Bewusstsein Ihrer Essenz niemals stabilisieren, und solange es diese Struktur gibt, werden Beziehungen immer nur das Schlachtfeld sein, auf dem die beiden Partner einander bekämpfen.

Quantenpsychologisches Prinzip für Beziehungen:
Sie sind mehr als nur die Art, wie Sie Ihre Aufmerksamkeit binden. Diese Art der Bindung, das heißt, alles, was Sie glauben zu sein, ist Teil der Verbindung zwischen der Antriebsstruktur des Falschen Kerns und der kompensatorischen Struktur des Falschen Selbst. Diese Verbindung stellt Ihre Form der Selbstverteidigung dar.

Traumata

Der Falsche Kern hat eine assoziative Komponente, die wie ein Filter agiert. Durch diese Linse werden sämtliche traumatischen Situationen wahrgenommen, geordnet und erfahren. Dann wird das Trauma verallgemeinert und auf andere Situationen des äußeren Kontextes ausgedehnt. Auf diese Weise dient es der Aufrechterhaltung von Falschem Kern und Falschem Selbst. Falscher Kern und Falsches Selbst bilden also eine interpretative Brille, mit der Sie jedes Trauma deuten. Wenn Ihre Eltern sich trennten, als Sie noch ein Kind waren, und Sie auf Grund dieser Tatsache den Falschen Kern „Niemand liebt mich" entwickelt haben, wird diese Interpretation der zu Grunde liegenden Erfahrung alle späteren Beziehungen in Ihrem Leben prägen.

Gerade bei Traumata kommt es immer wieder zum Verschmelzen und Verwechseln der Ebenen des Bewusstseins. *Vor* dem traumatischen Geschehen ist alles in Bewegung: Gedanken, Erinnerungen, Eindrücke, Gefühle und körperliche Wahrnehmungen. Tatsächlich muss sich in den Neuronen des Nervensystems etwas bewegen, damit der Eindruck eines Geschehens entsteht. Wenn es zum Trauma kommt, geschehen drei Dinge:

1. Die Bewegung hört auf.
2. Die Erinnerung friert ein.
3. Die Bewusstseinsebenen verschmelzen.

An diesem Punkt antwortet das Nervensystem mit der verallgemeinernden Feststellung: „Ich werde dies nie wieder geschehen lassen." Dann bildet sich eine Art interaktiver Suchapparat heraus, der die Umgebung nach realen oder imaginären Gefahren absucht. So versucht das Nervensystem zu verhindern, dass das traumatische Geschehen noch einmal eintritt. Wenn eine (auch nur scheinbar) ähnlich gelagerte Situation auftaucht, dann kommt es zu einem Kampf-oder-Flucht-Impuls oder einer Art „innerem Gefrieren". Wie Sie wissen, geht diese Reaktion auf ein vergangenes Geschehen zurück. Daher ist sie der aktuellen Situation nicht angemessen. Die Erfahrung wird verdrängt. Dadurch entsteht aber eine zwanghafte Tendenz, das, was beim ersten Erlebnis falsch gelaufen ist, richtig zu stellen. Aus diesem Grund erleben wir dasselbe Muster immer und immer wieder. Freud nannte dies eine „zwanghafte Wiederholung". Wir durchleben also immer wieder dasselbe Beziehungsmuster.

1. Dabei geschieht – kurz gesagt – Folgendes:
   Die Bewusstseinsebenen (siehe Kapitel 6) werden an diesem bestimmten Punkt eingefroren. Ein bestimmtes Erinnerungsbild formt sich.
2. Dieses Erinnerungsbild schafft die zwanghafte Tendenz den erfahrenen Schmerz wieder zu durchleben im Versuch, das *Falsche* dieser ursprünglichen Situation *richtig zu stellen*.
3. Da das Erinnerungsbild unangenehm ist, verstärkt es den Fehlschluss des Falschen Kerns.

Amnesie

Wenn Sie Ihren Falschen Kern ausmachen wollen, müssen Sie erkennen, in welcher Beziehung er zum Falschen Selbst steht und wie sich dies auf Ihre *Partnerschaft* auswirkt. Im Normalfall ist dies nicht möglich, da gerade dieses Verhältnis in einen dichten Schleier gehüllt ist, eine Art Amnesie, die das Falsche Selbst vom Falschen Kern trennt. So können Sie vor sich selbst verbergen, dass zwischen den beiden eine Verbindung besteht.

Da der Falsche Kern so vollkommen hinter seinem Schutzwall verborgen bleibt, werden letztlich alle unerwünschten Erfahrungen darauf zurückgeführt. Und so bleibt das Ganze eine holografische Einheit, durch die Trance der Assoziation verschmolzen – zumindest so lange, bis die Trance von Falschem Kern und Falschem Selbst durchbrochen wird.

Schritte zum Auflösen des Komplexes von Falschem Kern und Falschem Selbst

Schritt 1: Verfolgen Sie Ihre Erfahrung zurück bis zur Antriebskraft des Falschen Kerns.

Schritt 2: Achten Sie darauf, wo diese im Körper sitzt.

Schritt 3: Welche Größe und Form hat diese Identität?

Schritt 4: Ziehen Sie das Etikett von der Identität ab. Erleben Sie sie als Energie.

Schritt 5: Lassen Sie zu, dass die Identität als Energie sich von Ihrem Körper in der Gegenwart ablöst und sich an einen anderen Ort im selben Raum bewegt. Sie „veräußerlichen" Ihre Identität.

Schritt 6: Erkennen Sie, welchen Einfluss der Komplex aus Falschem Kern und Falschem Selbst in Ihrer Beziehung ausübt. Seien Sie Ihr Falscher Kern in der Beziehung und beobachten Sie, wie er funktioniert.

Schritt 7: Treten Sie nun aus diesem Falschen Kern heraus. Machen Sie sich klar, dass Sie *nicht* der Komplex aus Falschem Kern und Falschem Selbst *sind*. Lassen Sie den Komplex LOS!

Zusammenfassung

Der Komplex aus Falschem Kern und Falschem Selbst führt innerhalb von Beziehungen zu Problemen.

Noch einmal: Der Falsche Kern ist die Idee, die Vorstellung, der Glaube, mit dem wir uns identifizieren und der unser ganzes Innenleben organisiert und antreibt. Er ist das Bindeglied für die Verkettung unserer Gedanken, Gefühle, Fantasien, Handlungen, Reaktionen und Assoziationen.

Aus diesem Grund kann man sagen, dass der Falsche Kern im Hintergrund die Fäden zieht.

Und warum nennen wir ihn den Falschen Kern? Weil er eine *falsche* Schlussfolgerung ist, die das Kind in uns zog, als es sich mit dem Schock der narzisstischen Kränkung auseinander setzen musste. Und weil er der *Kern* unseres gesamten psychisch-emotionalen Lebens ist, der Kern unserer Partnerschaften.

Aber ein Gutes hat das Ganze: Verborgen unter dieser psychischen Struktur liegt Ihr *wahrer* Kern, die essenzielle Natur Ihres *Ich bin* – und damit auch die Möglichkeit einander wirklich als Individuen und Partner zu begegnen.

Sie tun, was Sie tun wollen.
Ich tue, was ich tun will.
Ich bin nicht hier, um Ihre Erwartungen zu erfüllen.
Und Sie sind nicht hier, um meinen gerecht zu werden.
Sie sind Sie und ich bin ich.
Wenn wir uns durch Zufall finden, ist das schön.
Wenn nicht, dann ist das eben so.

Fritz Perls
(Übersetzung: E. Liebl)

3

Unrealistische Erwartungen

Nachdem ich angefangen hatte dieses Buch zu schreiben und mich zu fragen, warum Beziehungen gut gehen oder auch nicht, wurde mir eines immer klarer: dass das eigentliche Problem von Beziehungen mit zwei Worten zusammengefasst werden kann: unrealistische *Erwartungen*. Doch bevor wir uns der Frage zuwenden, worin diese unrealistischen Erwartungen bestehen, wollen wir zunächst klären, wie es überhaupt dazu kommen kann.

Dazu müssen wir uns als Erstes und vor allem eines klar machen: dass wir menschliche Wesen sind. Und dass dasselbe für die Menschen gilt, mit denen wir in Beziehungen leben. Auf den ersten Blick scheint das recht offensichtlich zu sein. Warum also mache ich mir die Mühe, dies überhaupt zu erwähnen? Wie dieses Buch zeigen wird, verlieren wir manchmal aus den Augen, dass unser Partner ein menschliches Wesen ist und in der Gegenwart lebt. Warum das so ist? Nun, unser ganzer Schmerz entsteht mit dem Schock, den wir erfahren, wenn wir erkennen, dass wir von unserer Mutter getrennt sind. Ein Baby stellt sich zunächst vor, dass seine Mutter magische Fähigkeiten habe, da sie anscheinend all seine Wünsche erfüllen kann, ohne dass es darum bitten muss. Daher hält es seine Mutter für allmächtig und allwissend. Diese Fantasie bezeichnet man in der Psychologie als „magische Mutter". Da diese Vorstellung nicht real ist und sich nicht bewahrheiten kann, wird die Fantasie von der Wiederverschmelzung zerstört. Schließlich aber beginnen wir widerstrebend und unwillig einzusehen, dass wir auf die eine oder andere Art und Weise als separate Individuen leben müssen. Andererseits aber wünschen wir uns immer noch, wieder mit der Mutter verschmelzen zu können.

Da dies Angst auslöst, sucht das Kind mit allen verfügbaren Mitteln die Verschmelzung. Es spiegelt die Mutter, indem es versucht, genauso zu werden, wie diese es haben will, oder die Mutter dazu zu bringen, dass sie das Kind zurückspiegelt. Natürlich führen all diese Versuche zu nichts.

In der Zwischenzeit wird das Kind erwachsen und sucht immer noch nach der Instanz der „magischen Mutter", mit der es verschmelzen kann, sodass sein Schmerz aufhört. Diese unrealistische Erwartung stellen wir später unbewusst an unsere Partner. Sobald dies geschieht, beginnen die Schwierigkeiten.

Wir suchen also die Verschmelzung mit unserem Partner. Wir spiegeln seine Erwartungen in der Hoffnung, dass er sie zurückspiegeln wird (Verschmelzung!). Da dieser Versuch von vornherein zum Scheitern verurteilt ist, bleiben wir mit unserem Schmerz zurück. Und dies ist die Wurzel aller Beziehungsprobleme. Anders gesagt: Das Problem taucht auf, wenn wir erwarten, dass unser Partner „magische" Fähigkeiten zeigt, unsere Bedürfnisse erfüllt (manchmal sogar ohne dass wir groß darum bitten müssen) und mit uns verschmilzt, damit wir den Schmerz des Trennungsschocks nicht mehr fühlen – aber jetzt greife ich weit voraus! Wo sind diese Erwartungen denn letztlich verwurzelt? Sie gehen zurück auf die unvermittelte Erkenntnis des Getrenntseins von der Mutter, die auf das Kind wie ein Schock wirkt.

Dieser natürliche Trennungsprozess lässt das Kind mit einer tiefen Wunde zurück. Werden diese Wunde und der daraus resultierende Schock nicht erkannt und verarbeitet, so haben sie eine tief greifende Wirkung auf unser ganzes Leben. Wir entwickeln möglicherweise existenzielle Ängste in Bezug auf unser Wohlbefinden, auf unsere Überlebensfähigkeit, und wir bringen unseren Beziehungen unrealistische Erwartungen entgegen, weil wir die Partner dazu bringen wollen, uns beim Verschmelzen, das heißt beim Überleben zu helfen. Jahrzehnte später projizieren wir diese Trennung von der Mutter auf andere. Denn wir gehen Beziehungen in der unbewussten Erwartung ein, der andere werde uns von dem durch das Getrenntsein ausgelösten Schmerz befreien. Dies ist die Ursache für den *Falschen Kern*.

Einfacher gesagt: Die unrealistische Erwartung der Verschmelzung bzw. Wiederverschmelzung ist eine Altersregression. Wir suchen die Verschmelzung, indem wir die Gedanken unseres Partners lesen und versuchen, seinen Erwartungen zu entsprechen (Spiegeln) oder diese Erwartungen mit dem Verschmelzungswunsch in Einklang zu bringen. Wir handeln also so, „als ob …". Diese „Maske" ist nur stimmig in Bezug auf das Kind. Der darin enthaltene Schmerz entsteht durch den ursprünglichen Schock der Erkenntnis des Getrenntseins und wird immer wieder wachgerufen, wenn dieser Schock sich – in geringerem Ausmaß – in unseren Beziehungen wiederholt. Der Widerstand gegen die Erkenntnis des Getrenntseins und die Erwartung, wir könnten andere dazu bringen, dass sie mit uns verschmelzen, dominiert all unsere Beziehungen. Darin drückt sich das *Falsche Selbst* mit all seinen Tricks und Strategien aus.

Niemand kann den Schmerz der Trennung heilen.

Stephen H. Wolinsky

Unser Wunsch nach Wiederverschmelzung und unser Widerstand gegen die entsprechende Erkenntnis der Trennung verbirgt die Wunde und stellt in Beziehungen ein grundlegendes Thema dar. Wir erwarten nämlich vom Partner (wie von der Mutter), dass er den Schock und Schmerz der Trennung von uns nimmt, indem er mit uns verschmilzt.

Aber wie kommt es, dass diese unbewusste Erwartung unseren gesunden, in der Gegenwart verwurzelten Menschenverstand so einfach außer Kraft setzt? Der unbewusste Wunsch nach Verschmelzung, diese unausgesprochene Erwartung, sind präverbal und stammen aus einem Bewusstseinsstadium *vor* dem Einsetzen der gedanklichen Prozesse. Daher sind sie nicht in der Gegenwart verwurzelt und unser gesunder Menschenverstand erreicht sie nicht. Da sie auf unsere früheste Kindheit zurückgeht, beherrscht diese implizite Erwartung uns auf einer sehr grundlegenden psychischen Ebene. Und sie dominiert uns auf der physischen Ebene, da das Überleben des Babys davon abhängt, dass die Mutter ihm zukommen lässt, was es braucht, dass sie Hunger und Durst stillt bzw. das müde Kind zu Bett bringt und so weiter. Doch die Verschmelzungserwartung steuert unser Erleben auch auf psychischer Ebene, da wir auch die Ebenen des Bewusstseins verschmelzen. Schließlich geht es genau darum: um Verschmelzung, die unser Überleben sichert. Wie eine Ratte im Labyrinth laufen wir die Gänge entlang in der Hoffnung Käse zu finden. Dummerweise laufen wir den Gang (Beziehung) auch dann noch hinunter, wenn wir längst wissen, dass dort kein Käse zu finden ist. Der Satz, den ich in puncto Beziehungen sowohl innerhalb wie außerhalb von Therapiestunden am häufigsten gehört habe, war: „Ich möchte ja nur, dass er/sie sich um mich kümmert." Also, aus diesem Wunsch nach Verschmelzung und dem Widerstand gegen die Trennung ist der Komplex aus *Falschem Kern und Falschem Selbst* entstanden. Dieser steuert sowohl unsere Wahrnehmung von uns selbst als auch die Art, wie wir von der Welt gesehen zu werden glauben.

Schlussbetrachtung

Die unrealistische Erwartung, dass unser Partner unseren Schmerz von uns nimmt, indem er mit uns verschmilzt, ist in dem Schock verwurzelt, den das Kind erfährt, wenn es erkennt, dass es von der Mutter getrennt ist. Machen wir uns dies nicht bewusst, dann verbringen wir den Rest unseres Lebens damit, die Verschmelzung mit einem Partner zu suchen – oder mit einem Lehrer, einem Guru und sogar mit Gott, nur damit wir den Schmerz des Getrenntseins nicht erfahren müssen.

Wie lässt sich diese Erkenntnis praktisch auf unser Leben in Beziehungen anwenden? Nun, diese Erwartung entsteht zuerst, wenn wir uns verlieben und dabei das ungeheure Glücksgefühl des Miteinanderverschmelzens erfahren. Unglücklicherweise begreifen wir – wie wir alle wissen – nur zu bald, dass wir in Wirklichkeit getrennt sind. Sobald aber der Zauber des Einsseins abnimmt, macht sich die Erkenntnis des Getrenntseins breit und damit auch unsere existentielle Angst davor. Vereinfacht gesagt wird aus dem Gefühl des Einsseins, das in der frühen Kindheit wurzelt, der Trennungsschmerz, der wiederum die Frage aufwirft, wie wir es anstellen sollen die Verschmelzung wieder herbeizuführen.

Der Veränderungsmechanismus
ist ein automatischer Impuls des Nervensystems.
Dabei werden äußere Umstände
oder „der andere", der Partner,
als Quelle unseres Schmerzes identifiziert
und dafür verantwortlich gemacht.
Daraus entsteht die Erwartung,
dass „mein" Schmerz aufhören wird,
wenn nur der andere Mensch sich ändert
und sich anders verhält.

Stephen H. Wolinsky

4

Der Veränderungsmechanismus und die Erwartung des Verschmelzens

Der Veränderungsmechanismus

Der Veränderungsmechanismus ist eine automatische Überlebenstechnik unseres Nervensystems, mit der wir unseren Schmerz als von *außerhalb* unserer selbst kommend wahrnehmen. Er besteht aus drei Komponenten, die immer wieder durchgespielt werden:

1. Der andere Mensch ist die Quelle meines Schmerzes.
2. Wenn der andere nur anders wäre oder sich verändern würde, dann würde mein Schmerz verschwinden.
3. Wenn ich selbst anders wäre oder mich so verändern könnte, wie die anderen mich (in meiner Vorstellung) haben wollen, dann würde der Schmerz über die Trennung (von der Mutter) verschwinden.

Und warum ist es nun nicht so, wie wir uns das vorstellen? Weil der andere Mensch nicht so wahrgenommen wird, wie er in der Gegenwart tatsächlich ist, sondern weil wir das Vergangenheitsbild unserer Mutter mit ihren magischen Qualitäten der Allwissenheit und Allmacht auf ihn projizieren. Dann stellen wir uns vor, dass die anderen sind wie unsere Mutter (ist, war, sein sollte oder gewünscht wird), die allen Schmerz von uns nimmt und uns tröstet. Dann wären wir endlich wieder eins mit ihr. So werden unsere *unrealistischen Erwartungen* gleichsam zum *Wunschzettel*. Wir listen auf, was wir von anderen Menschen und der ganzen Welt zu brauchen glauben, um glücklich (verschmolzen) zu sein. Wir suchen also den Kontakt zu anderen

Menschen, damit diese sich um uns kümmern. So fühlen wir unseren Falschen Kern nicht mehr. Dieses Verhalten erinnert mich an etwas, was Fritz Perls, der Begründer der Gestalttherapie, einmal sagte: „Der innere Reifeprozess ist der Weg, die Entwicklung von der Unterstützung durch die Umwelt hin zur Selbstunterstützung."

Der Veränderungsmechanismus lässt sich auch so erklären: „Ich fühle den Schmerz der Trennung von der Mutter, den Schmerz des Falschen Kerns – und zwar deinetwegen: weil du etwas ganz Bestimmtes bist oder nicht bist, weil dir etwas fehlt oder du etwas nicht hast, weil du etwas getan oder nicht getan hast. Daher erwarte ich von dir, dass du mir gibst, was ich möchte. Oder ich erwarte von dir, dass du mit mir verschmilzt, sodass ich mich nicht mehr getrennt fühle (der Schmerz des Falschen Kerns). Oder ich erwarte, dass du mit mir verschmilzt, sobald ich mich ändere, und dass dann mein Schmerz verschwindet." (Bitte verwechseln Sie diesen Mechanismus nicht mit den Vorgängen in Familien von Alkoholikern oder Missbrauchsopfern. Dort wird der Schmerz des einen Menschen tatsächlich von einem anderen verursacht.) Wenn Sie sich dem Trennungsschmerz *in der Gegenwart* tatsächlich stellen, dann haben Sie die Wahl: Sie können eine Beziehung aufrechterhalten oder gehen. Dann unterliegen Sie nicht mehr dem Zwang, eine Situation aus der Vergangenheit immer und immer wieder durchzuspielen: „Ich *muss* bleiben." – „Ich *muss* dich dazu bringen, dass du dich änderst." – „Ich leide, weil du nicht mit mir verschmelzen willst."

Kommt es nicht zur Verschmelzung, so ruft der Bote (der Ihnen diese Botschaft zuträgt) häufig eine subtile Wut hervor. Wenn man den Überbringer dieser Hiobsbotschaft (den nicht „verschmelzungswilligen" Partner) auch nicht gleich tötet, so versucht man doch meist ihm die Schuld zuzuschieben. Man stellt ihn als „schlecht" oder „falsch" hin (wobei nicht selten psychologische Interpretationsmuster zum Einsatz kommen). Diese negative Diagnose gilt dann als Erklärung dafür, dass der Partner eben so ist, wie er ist – was als Grund dafür herhalten muss, warum wir nicht bekommen, was wir wollen, und weiterhin dem (Trennungs-) Schmerz ausgeliefert sind.

Ich nenne diese Art des „Tötens" immer „Mord durch Diagnose". Es handelt sich dabei um eine verdeckte Art den Partner unschädlich zu machen und ihm die Schuld zuzuschieben, weil er die Botschaft des Getrenntseins überbringt. Dieser Prozess ist tief im entwicklungsgeschichtlich ältesten Teil unseres Gehirns, dem Hirnstamm, verankert. Und wenngleich dieser Mechanismus natürlich hübsch hinter gesellschaftlichen Regeln versteckt wird, besagt er etwa dies: „Du bist die Quelle meines Schmerzes und mein Überleben hängt davon ab, dass ich dich töte (mit einer Diagnose unschädlich mache)." Ein sehr ärgerlicher Klient, den ich hatte, war mit einer Psychologin verheiratet, die ihn ständig diagnostizierte. Immer wenn ihr Ärger über das Nichtverschmelzen in ihrem Verhalten zu erkennen war, sah er sie an und sagte: „Na, welche Diagnose bekomme ich denn heute?" Denn auf die eine oder andere Weise verpasste sie ihm das Etikett „schlecht" oder „ falsch", sobald eine bestimmte Situation – ob in Wirklichkeit oder in ihrer Fantasie – ihren Trennungsschmerz hervorrief und damit den „Veränderungsmechanismus" auslöste.

Ein Beispiel: Wenn Sie einen Film nicht mögen, der mir gefällt, oder lieber etwas anderes essen als ich, dann fange ich an den Trennungsschmerz zu spüren. Diesen Schmerz des Falschen Kerns will ich dann als Problem diskutieren und natürlich ist das Problem nicht meines, sondern Ihres. In Wirklichkeit aber gehört der Schmerz der *Vergangenheit* an. Habe ich Sie hingegen zwei Wochen lang nicht gesehen und vermisse Sie, dann ist dies ein gegenwärtiger Schmerz. Beim ersten Beispiel (Veränderungsmechanismus) geht es um den verborgenen Wunsch, dass Sie sich ändern mögen, und um die Erwartung, dass mein Schmerz Ihr Problem ist. Beim zweiten Beispiel hingegen existiert das Problem in der *Gegenwart* und es ist damit keine Erwartung verknüpft, dass Sie sich ändern und mir die Verschmelzung ermöglichen sollen, die meinen Trennungsschmerz auflöst.

Wir alle hegen gewisse *Erwartungen*. Ich stelle mir beispielsweise vor, dass Sie mir geben, was ich möchte, und wenn Sie das nicht tun, dann glaube ich Schmerz zu fühlen. Aber manchmal löst die Nichterfüllung meiner Erwartungen meinen Trennungsschmerz aus, was den ursprünglichen Schock (der Trennung von der Mutter) wieder aktiviert und so meinen Falschen Kern bzw. mein Falsches Selbst ins Spiel bringt. In Paarbeziehungen nimmt man dann automatisch an, dass man sich getrennt fühlt, weil der Partner nicht gegeben hat, was man von ihm wollte. Damit verknüpft ist aber die implizite Erwartung, dass der Partner sich ändern und den Schmerz zum Verschwinden bringen möge. Natürlich ist dies nicht logisch, denn es geht dabei um ein Erlebnis in der *Vergangenheit*. Aber auch wenn wir vor der Beziehung zu unserem Partner denselben Schmerz empfunden haben – sobald der Veränderungsmechanismus einmal ausgelöst ist, denken wir nur noch: „Sobald du dich änderst, verschwindet mein Schmerz." Oder: „Wenn ich so werde, wie ich denke, dass du mich haben willst, wirst du mit mir verschmelzen und mein Trennungsschmerz wird sich auflösen." Natürlich laufen diese Vorgänge nicht bewusst ab oder werden gar absichtlich ausgelöst. Tatsächlich findet dies alles außerhalb unseres bewussten Selbst statt.

Selbstverständlich wissen wir alle, dass es nicht funktioniert, wenn wir andere verändern wollen oder erwarten, dass sie sich ändern. Aber weil dies alles auf einer präverbalen Ebene stattfindet, die in unsere früheste Kindheit zurückreicht, wuchern die Erwartungen immer wilder, während die Beziehung immer schlechter wird. Warum ist das so? Sogar wenn ich mich ändere und damit die Erwartungen des anderen erfülle, wird – wie beim Hochsprung – die Latte immer höher gelegt. Der Grund dafür ist, dass ich vom anderen getrennt bin. Wenn ich mich auf eine bestimmte Art und Weise verhalte, werden dadurch die unrealistischen, primitiven Fantasien und Verschmelzungserwartungen des anderen nicht geringer.

Und weshalb ist das der Fall? Der Veränderungsmechanismus besteht immer weiter darauf, dass der andere sich ändert, damit ich die Wiederverschmelzung erleben kann und somit frei von Schmerz werde. Das ist ein weiterer Versuch, mit dem Schmerz des Erkenntnisschocks fertig zu werden. Einer meiner Klienten sagte einmal zu seiner Frau: „Ich kann mich niemals ausreichend verändern, um dich zufrieden zu stellen."

Das eigene Menschsein anerkennen

Wenn ein Mensch in einer Paarbeziehung verzweifelt nach Verschmelzung strebt, entstehen viele Probleme. Eines der am häufigsten auftauchenden ist, dass man die eigenen Grenzen nicht mehr erkennt. Wenn dies geschieht, kann der Betroffene nicht mehr feststellen, wo seine Probleme aufhören und die des Partners beginnen. Das bedeutet aber auch, dass der Trennungsschmerz sehr leicht ausgelöst wird. Dadurch erleben die Betroffenen dauernde nervöse Anspannung und Furcht. Ein Ehepaar zum Beispiel, das zu mir in die Therapie kam, litt darunter, dass die Frau nach Jahren der Ehe ihren Mann immer noch fragte: „Wirst du mich verlassen?" und „Du wirst mich doch nicht verlassen, oder?"

Darin zeigte sich ihre Angst vor Trennung, Verlust, Verlassenwerden und der zugehörige Schmerz. Wann immer sie ihren Kummer fühlte, wollte sie mit ihm über die „Dynamik ihrer Beziehung" sprechen, was ihn wirklich störte. Sie handelte, als habe ihr Schmerz etwas mit ihm zu tun, dabei war er einzig und allein ihr Problem. Wenn er sich an dieser Art der Kommunikation nicht interessiert zeigte, stellte sie ihn als „kommunikationsgestört" hin. Das ging so weit, dass sie ihn in Workshops und Seminare schickte, um ihm zu helfen irgendwie „besser" zu werden. All dies geschah, damit sie ihren Schmerz nicht mehr fühlte.

So hatte sie *ihr* Problem zu *seinem* gemacht. Sie versuchte ihn zu ändern, damit sie keinen Schmerz mehr fühlte. Unglücklicherweise merkte sie nicht, dass der Kummer ihre Sache war und mit ihm gar nichts zu tun hatte.

In meinen Büchern über den *Weg des Menschlichen* habe ich ausführlich geschildert, dass wir zuerst unser Menschsein anerkennen müssen. Doch wie sollen wir dies zu Stande bringen, wenn wir immer in der Vergangenheit festsitzen? Wenn wir andere dazu bringen wollen, sich zu verändern, damit wir die Wiederverschmelzung mit der Mutter erleben und unseren Schmerz vergessen können? Ein in meinem System der Quantenpsychologie ausgebildeter Trainer fragte mich einmal: „Woher weiß man eigentlich, dass man mit der Eltern-problematik fertig ist?" Ich antwortete: „Wenn du deine Eltern als Menschen sehen kannst." Dasselbe gilt für Partnerschaften. Ihren Partner als Menschen, als menschliches Wesen sehen zu können ist sehr wichtig. Sobald dies der Fall ist, haben Sie eine wesentliche Qualität der *Essenz* verwirklicht, nämlich die Anerkennung unseres Menschseins. Diese gehört nicht zur Dichotomie der Zurückweisung und ist ein wesentlicher Aspekt oder eine Qualität der *Essenz*. Sie wird dann verwirklicht, wenn wir klar erkennen, dass unser Partner ebenso Mensch ist wir selbst.

Daher müssen wir unsere unrealistischen Erwartungen zuerst auf den Trennungsschock zurückführen, dorthin wo sie entspringen. Zum Beispiel wenn Ihr Partner ins Kino gehen möchten, Sie selbst aber lieber arbeiten würden: Dann kommt es zu einem winzigen, kaum spürbaren „Elektroschock". Dieses Schocksignal beruht auf dem gewaltigen Schock, den Sie in der Vergangenheit erfahren haben. Diese winzigen Schockerlebnisse können uns zu dem Punkt zurückführen, an dem wir uns zum ersten Mal des Getrenntseins von der Mutter bewusst geworden sind.

Sobald Sie den anderen in der Gegenwart
als menschliches Wesen erleben,
werden Ihre Erwartungen nachlassen und die essenzielle Qualität
der Anerkennung unseres Menschseins wird stärker.
Es handelt sich dabei nicht um eine psychologische Qualität.
Vielmehr gehört sie zu unserer essenziellen Natur,
die sich zeigt, wenn wir erkennen, dass unsere Partner
und wir selbst Menschen sind.
Sobald dies eintritt, erfahren Sie die Qualität des Annehmens
und sie ist nichts anderes als Liebe.

Stephen H. Wolinsky

Warum sind bestimmte Erwartungen unrealistisch?

Ich habe in meinem Leben viele Menschen kennen gelernt, die sich eine Beziehung wünschten. Unglücklicherweise führt ihre Erwartung des Schmerzes, die in ihrem unerfüllten (vergangenen) Verschmelzungswunsch wurzelt, dazu, dass sie die gegenwärtige Realität mit der vergangenen vermischen. Wenn ich diese Menschen fragte, was sie von einer Beziehung erwarten, dann holen sie sofort ihren *Wunschzettel* hervor: „Ich möchte einen Mann / eine Frau mit Geld." Oder: „Ich wünsche mir einen Mann / eine Frau mit spirituellen Interessen." Und: „Ich möchte einen Mann / eine Frau, mit dem/der ich gut reden kann." Vor kurzem habe ich eine Schwedin kennen gelernt, die mir sagte: „Wenn er dann noch Chopin spielen könnte – das wäre das Allerbeste." Das Dauerproblem der unrealistischen Erwartungen (also die unbewusste, aus der Vergangenheit stammende Vorstellung, dass damit die Verschmelzung erreicht werden könnte und wir unseren Schmerz endlich los wären) hat so viele Wünsche (oder auch Vorurteile) kreiert, dass zwischen Männern und Frauen mittlerweile ein gewaltiger Abgrund klafft.

Wunschzettel (bzw. Vorurteile) von Männern und Frauen	
Voruteile von Frauen mit unerfüllten Verschmelzungswünschen:	*Vorurteile von Männern mit unerfüllten Verschmelzungswünschen:*
Frauen wollen Kontakt, Männer nicht.	Frauen wollen zu viel, Männer nicht.
Frauen haben Gefühle, Männer nicht.	Frauen möchten, dass man sich um sie kümmert.
Frauen wollen Nähe, Männer nicht.	Frauen können nie genug bekommen.
Frauen wollen Kommunikation, Männer nicht.	Mit Frauen ist immer irgendetwas los, ich will einfach keinen Ärger mehr.

Fazit

Diese „Wunschzettel", Zeichen einer Altersregression, entstehen durch unrealistische Erwartungen, die auf dem Wunsch beruhen, den Schock des Getrenntseins zu überwinden. Mit der Zeit werden sie immer länger. Leider geht dabei nicht nur die Sicht auf den Partner als gegenwärtiges, menschliches Wesen verloren, sondern auch die Fähigkeit eine Beziehung zu gestalten.

Jeder Versuch den anderen zu verändern,
sodass er in Ihr Bild passt
und Sie Ihren Trennungsschmerz nicht mehr fühlen müssen,
ist narzisstisch und beruht auf kindlicher Selbstüberschätzung
(Grandiosität). Schlimmer noch:
Er beraubt Sie und den anderen der Ihnen beiden eigenen Qualität
des Menschseins und nimmt Ihnen damit die Gelegenheit
zu Verletzlichkeit und Nähe.

Stephen H. Wolinsky

5

Wohin dieses Buch führt

Jetzt, da wir wissen, worin das Problem bei Beziehungen besteht und woher es kommt, können wir in den Tanz zu zweit einsteigen.

Die Vorstellung des frühkindlichen Trennungsschocks ist für viele Menschen ein eher unverständliches, abstraktes Konzept. Dieses Buch ist aber nicht als Abhandlung über die Irrungen und Wirrungen endloser Psychotherapien gedacht, es soll Ihnen vielmehr konkrete Hilfestellung geben, damit Sie ...

1. hier und jetzt feststellen können, worin Ihr Beziehungsproblem liegt;
2. herausfinden können, wie das Problem sich auf Ihr Leben auswirkt;
3. Ihr Verhalten und Ihre kleinen Schockerlebnisse auf den ursprünglichen großen Schock zurückführen können, was die Erkenntnis dieses Schocks voraussetzt;
4. lernen, nicht mehr in diese Falle zu gehen;
5. lernen, offen und realistisch mit den Vorgaben umzugehen und
6. feststellen können, wo Sie jetzt im Augenblick stehen.

Ich hoffe, dass diese Informationen Sie in die Lage versetzen werden, das Problem in der Gegenwart zu sehen, zu erkennen und zu fühlen und ihm abzuhelfen, indem Sie Ihre eigenen Erwartungen in Frage zu stellen lernen. Auf diese Weise werden wir herausfinden, wie die Trennungsgefühle ausgelöst werden, unser Menschsein (an-) erkennen und die essenzielle Qualität des *Annehmens* verstehen, die wahrer Liebe gleichkommt.

Beziehungsarchetypen

Ein Archetyp ist ein Muster, das allgemein gültig zu sein scheint. Sie können sich dieses Muster vorstellen wie einen Plätzchenausstecher. Jedes Plätzchen, das wir damit machen, sieht mehr oder weniger gleich aus. In diesem Bild wäre der Ausstecher der Archetyp und die Plätzchen unsere Beziehungen. Denn unsere Beziehungen weisen durchaus wiederkehrende Muster auf. Wir Menschen von heute glauben ja, dass wir mit all unseren therapeutischen und kommunikativen Fähigkeiten diese Muster ändern können oder dass sie auf uns nicht anwendbar sind. Wohlgemerkt: Ich möchte damit nicht sagen, dass eine Änderung nicht möglich ist. Ich sage nur, dass unser Versuch den Partner zu ändern, damit er besser in unsere Erwartungen passt und wir daher unseren Trennungsschmerz nicht mehr fühlen, nichts weiter ist als ein *archetypisches Beziehungsmuster*. Dieses Muster ist infantil – eine Fantasie, wenn man eine nette Bezeichnung dafür sucht, und wenn man weniger nett sein möchte, könnte man es als narzisstische Illusion bezeichnen. Narzisstische Menschen haben zwei besondere Eigenschaften: Zum einen glauben sie, dass sie der Nabel der Welt seien. Und zum anderen denken sie, dass ihr Trennungsschmerz gelindert würde, wenn sie die Bedürfnisse des Partners erfüllten, seinen Erwartungen entsprächen und ihm das, was er wünscht, in möglichst perfekter Weise spiegelten, weil dann der Partner ihren Verschmelzungswunsch erfüllen würde.

Archetypische Beziehungen brachten immer schon Probleme mit sich. Der einzige Unterschied ist, dass sie heutzutage im Westen (im Gegensatz zu den Jahrtausenden gelebter Erfahrung vorher) nicht mehr verborgen werden. Ganz im Gegenteil: Heute teilt man allen alles mit, auch wenn die Beziehungen (Plätzchen) immer noch nicht wirklich aufgearbeitet (verdaut) werden; sie liegen uns vielmehr so lange im Magen, dass uns davon richtig übel wird. Vor kurzem fragte mich jemand, weshalb ich das Wort „verdauen" benutze. Weil Erfahrungen verdaut und resorbiert werden müssen wie Nahrung. Erfahrung ist Nahrung für uns. Wenn sie nicht verdaut wird und unverarbeitet bleibt, verursacht sie Magenschmerzen (Kummer). Da wir das, *was ist,* nicht akzeptieren können, weigern wir uns, es zu verarbeiten. Dies verursacht Kummer, der noch mehr Kommunikation, Therapie- und Beziehungsgespräche auslöst. Mit diesen ungeeigneten Methoden versuchen wir dann herauszufinden, warum der eine Partner dem anderen nicht gibt, was dieser will, das heißt, weshalb er eine Verschmelzung ablehnt.

Vor noch nicht allzu langer Zeit habe ich mit einer Klientin gearbeitet, die von ihrem Partner *erwartete,* dass er tat, was sie wollte, ohne dass sie darum bitten musste. Wenn er einem ihrer Wünsche nicht entsprach, sagte sie, dass er bösartig sei, selbstsüchtig und nicht in der Lage, eine tiefere Beziehung aufzubauen. Kurz gesagt: Wann immer er nicht zum Spiegelbild ihrer Erwartungen wurde und dem Bild dessen, was er sein sollte, nicht entsprach, wurde er zum Problem. Dann war er es, der an sich arbeiten musste. Sie hatte also nicht akzeptiert (verdaut und aufgenommen), wer ihr Mann in Wirklichkeit war, und versuchte ihm die Schuld für ihren Trennungsschmerz zuzuschieben, indem sie ihm eine bestimmte Diagnose aufdrängte. Das wäre etwa so, als würden wir eine Pizza bestellen und dann mit ihr darüber streiten, dass sie kein Chopsuey ist. Zuerst versuchen wir die Pizza zum Chopsuey zu machen. Dann analysieren wir das Problem der Pizza und teilen ihr dieses mit: Sie sei kein Chopsuey. Schließlich diskutieren wir mit ihr über die Gefühle, die dies bei uns auslöst. Und am Ende bearbeiten wir die Pizza so lange, bis sie wenigstens annähernd wie Chopsuey schmeckt. Und was passiert danach? Nun, wenn wir das alles geschafft haben, müssen wir feststellen, dass wir es noch immer mit einer Pizza zu tun haben.

Muss die Situation sich ändern?

Nein. Archetypen können nicht verändert werden. Wenn wir sie zu ändern versuchen, leisten wir ihnen damit nur Widerstand. Stattdessen sollten wir folgende Fähigkeiten entwickeln:

1. unsere kleinen Schocks zu erkennen;
2. sie bis zu dem großen Schock zurückzuverfolgen;
3. im Schock der Erkenntnis des Getrenntseins zu verharren;
4. den Veränderungsmechanismus nicht eingreifen zu lassen;
5. unseren essenziellen Qualitäten von Weite (Grenzenlosigkeit), Liebe und Annehmen Raum zu geben. Diese Qualitäten stellen sich auf ganz natürliche Weise ein, sobald wir durch den Schock der Trennung hindurchgehen und uns den Veränderungsmechanismus und die Struktur von Falschem Kern und Falschem Selbst bewusst machen.

Beispiele für das Zusammenspiel von Falschem Kern und Falschem Selbst in Beziehungen

Du bist nicht vollkommen – ich muss dich dazu bringen,
vollkommen zu sein.
Oder:
Ich bin vollkommen – ich kann dich vollkommen machen.
Und so weiter.

Ich bin wertlos – du gibst mir Wert.
Oder:
Du bist wertlos – ich gebe dir Wert.
Und so weiter.

Ich bin unfähig etwas zu tun – du tust es stattdessen für mich.
Oder:
Ich schaffe alles – du schaffst nichts.
Und so weiter.

Du bist ein Versager – ich kann dich davon befreien.
Oder:
Ich bin Spitze – ich kann dich von deinem Versagen befreien.
Und so weiter.

Du bist zurückgezogen – ich hole dich da raus.
Oder:
Ich bin zurückgezogen – du holst mich da raus.
Und so weiter.

Ich bin allein – ich muss mit dir Kontakt haben.
Oder:
Ich habe Kontakt zu anderen – ich muss dir beibringen, wie das geht.
Und so weiter.

Ich bin unvollständig – du machst mich vollständig.
Oder:
Ich bin vollständig – ich mache dich vollständig.
Und so weiter.

Ich bin machtlos – du gibst mir Macht.
Oder:
Ich habe Macht – ich gebe dir Macht.
Und so weiter.

Ich bin ohne Liebe – du gibst mir Liebe.
Oder:
Ich bin liebevoll – ich gebe dir die Liebe, die du brauchst.
Und so weiter.

Das Hauptproblem

Warum reicht der andere Mensch oder das, das wir suchen (Macht, Liebe, Reichtum etc.), niemals aus?

Wenn wir in der *Gegenwart* versuchen, das zu bekommen, was wir in der *Vergangenheit* vermisst haben, dann leben wir nicht mehr in der Gegenwart. Wir agieren eine kindliche Illusion aus: Wir nehmen unsere kindlichen Verschmelzungserwartungen und projizieren sie auf andere Menschen oder Dinge. Dies ist ein schwacher Versuch zu bekommen, was wir *damals* wollten – und es entspricht nicht unseren *heutigen* Bedürfnissen. Wenn der andere Mensch uns dann nicht das zurückspiegelt, was wir zu brauchen glauben, reagieren wir mit kindischem Ärger, mit Schuldzuweisungen und Trennung.

Niemand außerhalb Ihrer selbst
kann die Wunde Ihres Trennungsschocks heilen,
die Sie erlitten haben,
als Sie erkannten,
dass Sie nicht mit Ihrer Mutter eins sind.

Stephen H. Wolinsky

6

Die Ebenen der Beziehung – eine vereinfachte Landkarte

Warum überhaupt eine Landkarte?

Nun, solch eine Karte ist ganz nützlich, sofern wir nicht glauben, dass sie das Land selbst ist, das heißt, so lange wir sie als Orientierungshilfe sehen. So können wir erfassen, wie eine Beziehung sich entwickelt hat, wo wir stehen und wohin wir unterwegs sind. Wir erkennen, ob es Zeit ist, den Zug zu wechseln und die Beziehung loszulassen. Zumindest finden wir heraus, wo genau wir uns befinden. Wir können also ehrlich zu uns selbst sein und realistische Entscheidungen treffen.

Oder um es mit den Worten des Sufimeisters Idries Shah zu sagen: „Es ist dumm auf einen Zug zu warten, der niemals kommt."

Das also kann eine Beziehungslandkarte leisten: Sie zeigt uns den Weg. Wir stellen fest, wo wir sind und wie wir dorthin gelangt sind. Sie erklärt uns, weshalb die Reise manchmal so schwierig war. Und sie hilft uns zu entscheiden, ob wir auf dieser Straße bleiben oder die Reise lieber abbrechen wollen. Also sehen wir uns die Landkarte doch einmal an:

Die Dimensionen der Manifestation

Was sind die Dimensionen der Manifestation und was haben sie mit Beziehungen zu tun? Nun, die Dimensionen der Manifestation sind die verschiedenen Ebenen der Erfahrung, die einem menschlichen

Wesen zur Verfügung stehen. Auf und mit diesen Ebenen gehen die Menschen Beziehungen ein. Wie wir in diesem Kapitel sehen werden, können die Ebenen manchmal durcheinander geraten. Wenn Schock und Trennungsschmerz auftauchen, hält man mitunter eine für die andere. Doch zunächst möchte ich Ihnen diese Ebenen vorstellen:

Die Dimensionen der Manifestation im Überblick

- Die Ebene der äußeren Welt – dazu gehören Kinder, Karriere, die Lebensumstände und so weiter.
- Die Ebene des Denkens – dazu gehören Werte, Glaubenssätze, Gedanken, Konzepte, Fantasien, geistige Bilder und so weiter.
- Die Ebene des Fühlens – mit Furcht, Hoffnung, Freude, Hass, Ärger, Eifersucht etc.
- Die biologische Ebene – dazu gehören Essen, Schlafen, Sex, Lernen und so weiter.
- Die Ebene der Essenz – dazu gehören Annehmen, unbedingte Liebe, Vergebung, Mitgefühl etc.
- Die spirituelle Ebene – das Gewahrsein des Bewusstseins, das uns alle miteinander verbindet, und so weiter.

Unser Wunsch nach Verschmelzung
und nach Abwehr des Trennungsschmerzes
bringt uns dazu,
dass wir unsere Aufmerksamkeit nur auf die Ebenen richten,
auf denen eine Verschmelzung möglich ist.
Alle anderen beachten wir nicht
und schließen sie aus unserem Bewusstsein aus.
Wir verwechseln die Ebenen, blenden sie aus,
versuchen einzelne davon zu überwinden
oder sie durch andere zu ersetzen.

Stephen H. Wolinsky

7

Die Außenwelt

Der Kontext

Nach Ansicht der meisten Menschen ist einer der besten Wege, jemanden kennen zu lernen, sich Gruppen anzuschließen, die unsere Interessen teilen. Daher beginnen unsere Beziehungen meist im Zusammenhang mit unseren *äußeren* Interessen und Neigungen. Was das genau bedeuten soll, dazu möchte ich Ihnen nun eine Geschichte erzählen. Ich erinnere mich noch genau an die Ratgebershows mit Dr. Ruth, einer berühmten Fernsehpsychologin. Bei ihr riefen Menschen an um Fragen zu stellen wie: „Ich möchte jemanden kennen lernen. Wie stelle ich das an? Ich habe immer Schwierigkeiten, wenn ich anderen näher kommen möchte." Ihr Rat war sehr präzise. Meist fragte sie zurück: „Was tun Sie denn gerne? Haben Sie ein Hobby? Oder sonst etwas, was Sie wirklich gern tun?" Dann antwortete der oder die Betreffende etwas wie Tennisspielen, Theater oder Tanzen. Und Dr. Ruth sagte: „Dann gehen Sie ins Theater oder zum Tennisspielen bzw. Tanzen. Gehen Sie überall dorthin, wo etwas geboten ist, was Sie wirklich interessiert, und wo es Männer bzw. Frauen gibt, die an einer Beziehung interessiert sein könnten. Dort werden Sie mit Sicherheit jemanden kennen lernen. Wenn Trinken, Rauchen und lange Zechereien Sie nicht interessieren, dann meiden Sie Bars. Die Menschen, die Sie dort treffen, haben höchstwahrscheinlich ganz andere Interessen. Sie müssen Ihren Interessen nachgehen, wenn Sie jemanden kennen lernen wollen."

So nehmen unsere Beziehungen ihren Ausgang meist von der Ebene der Außenwelt. Die Außenwelt ist der Kontext, in dem wir leben und arbeiten und unsere Freizeit verbringen. Was tun Sie gerne, was nicht? Mögen Sie lieber Rock 'n' Roll oder Ballett, Kino oder Theater? Mögen Sie Golf und Tennis oder *lesen* Sie lieber? Gehen Sie lieber spazieren oder fahren Sie eher mit dem Rad? Was Sie mögen, das bildet das Netz Ihrer äußeren Interessen. Jede dieser Aktivitäten ist gewöhnlich mit einem bestimmten Ort verbunden. An diesen Orten sucht man, wenn man jemand kennen lernen möchte, der ähnliche Interessen hat. Da man in der Regel Menschen trifft, wenn man sich nicht in den eigenen vier Wänden verkriecht, scheint Dr. Ruths Ratschlag gar nicht schlecht zu sein.

Doch im Innenleben sieht alles ganz anders aus, da es so viele verschiedene Bewusstseinsebenen gibt. Jeder von uns hat sicher schon einmal erlebt, dass er zum Tennisspielen oder Tanzen geht und dort jemanden trifft, der ihm interessant erscheint. Warum nun können wir uns mit diesem Menschen vielleicht ein „Spitzenmatch" liefern, aber wenn wir uns nach dem Spiel mit ihm an einen Tisch setzen, haben wir uns absolut nichts zu sagen? Der Grund dafür ist, dass diese Beziehung zwar auf der Ebene der Außenwelt funktioniert, auf den anderen Ebenen des Erlebens aber will sich kein Zusammenklang einstellen. Dies ist eine enorm wichtige Entdeckung, denn wie ich bei meinen Freunden und mir festgestellt habe, sind die verschiedenen Ebenen, auf denen sich eine Beziehung entwickeln kann, nur sehr wenigen bekannt. Und daher können Sie durchaus eine Beziehung auf der äußeren Ebene haben, ohne dass die emotionale oder psychische Ebene daran beteiligt ist.

Die erste Ebene einer Beziehung ist also meist der äußere Kontext, unser Handeln, die Ebene des Tuns.

Wo steht Ihre Beziehung in Hinsicht auf den äußeren Kontext?

Die Außenwelt ist vermutlich der Bereich, dem die meisten Menschen den größten Teil ihrer Aufmerksamkeit zollen. In der Außenwelt geht es darum, was Sie tun, was Sie *gerne* tun möchten und wie Sie dies alles organisieren. Zu einem meiner letzten Workshops kam einer meiner Freunde, der bereits seit mehr als 25 Jahren glücklich verheiratet war. Wir saßen im Kreis und diskutierten darüber, warum Beziehungen gelingen oder nicht und was sich die einzelnen Teilnehmer von einer Beziehung wünschten, als mein Freund sagte: „Was wirklich zählt ist, ob man zusammenleben kann. Das ist vielleicht die wichtigste Frage überhaupt: Passen die beiden Partner auf einer funktionalen Ebene zusammen?"

Der Begriff „funktional" ist eine untergeordnete Kategorie der Außenwelt. In der Außenwelt geht es um das, was Sie gerne tun, sei es wandern, Tennis spielen, Kurse besuchen oder etwas anderes. Hier stellt sich nun die Frage, ob Sie mit Ihrem Partner auf dieser äußeren Ebene gut zusammenleben können. Interessanterweise ist die so genannte „Liebesheirat" historisch gesehen eine eher junge Erfindung. In der Geschichte des Menschengeschlechts haben die meisten Menschen nicht aus Liebe geheiratet. In den westlichen Kulturen wurden Ehen bis vor etwa 150 Jahren von den Eltern „arrangiert", in Indien ist dies heute noch so. Die Eltern entscheiden über diese Verbindung, und sie stützen sich dabei auf äußere Gründe.

In Indien ist die wichtigste Frage bei der Eheschließung, ob die Brautleute derselben Kaste angehören. Aber auch Geld, Erziehung, der Beruf der Eltern und die Abstammung spielen eine wichtige Rolle. Nach diesen Faktoren werden die Ehepartner ausgewählt. Vor kurzem kam eine Frau in meine Praxis, die ein Diplom in Wirtschaftswissenschaft hatte und aus einer sehr reichen Familie kam. Sie war acht Jahre lang mit einem Mann aus der unteren Mittelklasse verheiratet gewesen, der keine besondere Erziehung und Ausbildung genossen hatte. Die Ehe war unglücklich, und zwar aus funktionalen Gründen. Meine Klientin wollte sich weiterbilden, dazulernen, ihren Horizont erweitern, neue Dinge tun. Sie reiste sehr gerne. Ihr Mann war nie im College gewesen und hatte keinerlei Interesse an akademischer Bildung. Er wollte kein neues, größeres Haus kaufen, weil er mit dem alten zufrieden war. Seine Bedürfnisse und Wünsche unterschieden sich von den ihren gewaltig. Sie waren weder besser noch schlechter, nur anders. Wo sie wachsen und weiterkommen wollte, war er mit dem Erreichten zufrieden. Auf Grund dieser unterschiedlichen Auffassungen gab es in ihrer Ehe ständig Streit. Setzen Sie aber auf *eine* Ebene (zum Beispiel auf die Liebe, die zur Ebene der Essenz gehört, oder auf die sexuelle Anziehung, die zur Ebene des Biologischen zählt), um Ihre Differenzen auf *anderen* Ebenen zu überbrücken, dann tun Sie etwas, wofür die Quantenpsychologie der Beziehung einen eigenen Begriff entwickelt hat: *Sie bringen die Ebenen durcheinander.* Durch dieses Verwechseln der Ebenen entstehen leider nur noch mehr Beziehungsprobleme.

Der Schock, der aus der Erkenntnis des Getrenntseins
von der Mutter entsteht,
führt zum Wunsch nach Wiederverschmelzung,
mit welcher der Schock überwunden werden soll.
Da dem Kind nur selten, wenn überhaupt,
alle Ebenen zum Verschmelzen zur Verfügung stehen,
konzentriert es sich auf die verfügbaren
und lässt die anderen außer Acht.
Jahre später hat sich dieser Mechanismus verselbstständigt.
Der Erwachsene legt sich eine philosophische
oder psychologische Strategie zurecht,
mit der er diesen Vorgang rechtfertigt
und/oder eine Ebene mit Hilfe der anderen
zu überwinden versucht.

Stephen H. Wolinsky

In die Dimension der äußeren Welt fließen auch Dinge ein wie der sozioökonomische Hintergrund und die Geschichte eines Menschen. Mein Onkel zum Beispiel verlor seine Frau nach 25 Jahren Ehe durch Krebs. Einige Jahre später heiratete er wieder – eine Frau, die meiner Tante ähnelte. Sie hatte Kinder im selben Alter, einen ähnlichen Hintergrund und ihr Haus war fast genauso eingerichtet wie das meiner Tante. Sieben Jahre später starb auch sie an Krebs. Bald darauf lernte er wieder eine andere Frau kennen. Dieselbe Geschichte: ähnliches Alter, ähnlicher wirtschaftlicher und sozialer Background, erwachsene Kinder, dieselbe Art von Heim. Auch ihr Ehemann war gestorben. Dies zeigte mir, dass sogar noch vor etwa einer Generation die Menschen nicht nur aus Liebe heirateten, sondern dass andere Faktoren dabei eine nicht geringe Rolle spielten. Natürlich war auch Liebe da, aber die Beziehung wurde zuerst daraufhin untersucht, ob sie funktionieren würde. Und was bedeutet „funktionieren"? Nun, bei Funktionalität geht es um Fragen wie: Was tust du? Was tue ich? Was ist unser Hintergrund? Können wir uns einigen? Wenn er lieber auf dem Land, sie lieber in der Stadt lebt, dann wird es schwierig. Wenn er gerne reist und ich bleibe lieber zu Hause, dann wird die Beziehung auf Dauer nicht funktionieren.

Denn in der Außenwelt geht es nicht nur um die Frage, ob Sie gerne Tennis spielen oder nicht. Ihr ganzer Hintergrund, Ihre Religion, Ihre Erziehung, Ihre Kultur, Ihre Ziele, Ihr Ehrgeiz, Ihre Finanzen, Ihre Familienmuster spielen dabei eine Rolle. Mögen Sie Kinder? Wenn ja, wie viele? Funktionalität ist die Frage nach Ihrem grundlegenden Lebensstil. Können wir uns erfolgreich zusammentun oder verurteilen wir uns selbst zu Jahren der Verwirrung und der Kummers, zu einer endlosen Folge durchkreuzter Pläne und Vorhaben? Wenn Menschen die Bedingungen der äußeren Welt ignorieren und nicht auf die Funktionalität einer Beziehung achten, gehen sie meist Beziehungen ein, die nicht klappen können.

Fragebogen zum äußeren Kontext

(Lassen Sie auch Ihren Partner oder *potenziellen* Partner diese Fragen
beantworten und besprechen Sie Ihre Ergebnisse.)

I. Lebensstil

1. Welche Interessen teilen Sie mit Ihrem Partner?
2. Wie viel Zeit verbringen Sie bei der Arbeit?
   a) Weniger als 20 Stunden.
   b) 20–40 Stunden.
   c) Mehr als 40 Stunden.
   d) Karriere oder Beruf sind nicht wichtig.
3. Wie viel Zeit brauchen Sie für sich allein?
   a) Wenig.
   b) Etwas mehr, aber nicht wirklich viel.
   c) Zeit für mich ist lebenswichtig.
4. Was tun Sie, wenn Sie freie Zeit haben?
5. Sind Sie viel unterwegs oder bleiben Sie lieber zu Hause?
6. Was und wie essen Sie?
   a) Häufig im Restaurant.
   b) Naturkost.
   c) Gourmetküche.
   d) Gutbürgerliche Küche.
   e) Essen ist mir nicht wichtig.
7. Wie wichtig ist Sauberkeit für Sie?
   a) Sehr wichtig. Kann ohne sie nicht leben.
   b) Ich mag's schon, wenn's sauber ist, aber ich mache nur sauber,
      wenn es nötig ist.
   c) Ich schaffe gerade das Allernötigste.
   d) Ich kann gut im Chaos leben.
8. Wie steht's mit Zigaretten, Alkohol oder anderen Drogen?

II. Wirtschaftliche Aspekte

1. Wie hoch ist Ihr gegenwärtiges Einkommen?
2. Wie war Ihr Familieneinkommen und Lebensstandard in der Kindheit?
3. Bringen Sie in die Beziehung viel Geld oder größere Schulden ein? Haben Sie irgendwelche finanziellen Verpflichtungen?
4. Wie regeln Sie (innerhalb der Beziehung) Ihre finanziellen Angelegenheiten bzw. wie möchten Sie sie regeln?
   a) Wir legen alles zusammen.
   b) Wir haben getrennte Kassen.
   c) Ein Partner übernimmt mehr finanzielle Verantwortung.
   d) Ein Partner übernimmt die Verwaltung des Geldes.
   e) Wir teilen uns die Verantwortung für das Geld.
   f) Andere Regelungen: ...

III. Kinder / Familie

(Dies ist ein enorm wichtiges Thema. Daher sollten Sie die Fragen so ehrlich wie möglich beantworten, vor allem wenn Ihre Beziehung noch am Anfang steht. Häufig fühlt man sich hier versucht, die eigenen Wünsche zu verdrängen, um dem Partner entgegenzukommen. Machen Sie sich klar, dass Sie sich selbst etwas vormachen, wenn Sie Dinge denken wie: „Da kann ich mich schon anpassen." Oder: „Er wird seine Meinung schon noch ändern." Unterschiedliche Auffassungen in Bezug auf Familie und Kinder gehören zu den Hauptthemen bei Beziehungsproblemen. Daher ist Ehrlichkeit für alle Beteiligten – vor allem für die Kinder – gut. Eine Familie zu gründen oder Kinder aus einer früheren Partnerschaft betreuen zu wollen ist eine bedeutsame Entscheidung.)

1. Wie sieht es gegenwärtig mit Kindern in Ihrer beider Leben aus? Wenn bereits Kinder da sind: Wie wichtig ist die Eltern- bzw. Stiefelternrolle für Sie?
2. Welche Annahmen, Erwartungen oder Gefühle haben Sie in Bezug auf das Zusammenleben mit den Kindern Ihres Partners? Oder

umgekehrt in Bezug auf das Zusammenleben Ihres Partners mit Ihren eigenen Kindern?

Möchten Sie gemeinsame Kinder haben? Wie stark ist Ihr Wunsch?

IV. Zukunftsvision

Was möchten Sie persönlich oder als Paar in den folgenden Lebensbereichen erreichen (in 1 Jahr – in 3 Jahren – in 5 Jahren)?

a) finanziell
b) beruflich
c) familiär
d) spirituell
e) geografisch
f) sozial

V. Zeit

Zeichnen Sie einen Kreis, den Sie dann in acht „Tortenstücke" aufteilen. Die unterschiedliche Größe dieser „Tortenstücke" soll ausdrücken, wie viel Zeit Sie jedem der folgenden Bereiche widmen. Vergleichen Sie am Ende Ihren Kreis mit dem Ihres Partners.

a) Arbeit
b) Familie
c) Beziehung
d) Erholung
e) Soziales, Gemeinschaft
f) Körperliche Betätigung
g) Spiritualität
h) Zeit für sich selbst

Ich hoffe, dieser Fragebogen zeigt Ihnen, wie Sie und Ihr Partner auf der Ebene der Außenwelt zusammenpassen. Die Fragen sollten Ihnen helfen, Unterschiede und Gemeinsamkeiten festzustellen. Einige dieser Unterschiede lassen sich spielend verkraften. Andere werden ständig zum Thema von Auseinandersetzungen werden. Wie Sie diese Unterschiede bewerten, ist ein ganz entscheidender Faktor bei der Frage, ob Sie es auf dieser und auf anderen Ebenen leicht miteinander haben.

Fazit

Die Auseinandersetzung mit diesem Thema soll dazu beitragen, dass Sie und Ihr Partner sich auf der Ebene des äußeren Kontextes richtig einschätzen können. Gibt es dabei wenig Übereinstimmungen, dann wird es weit schwieriger eine lange Beziehung aufrechtzuerhalten. Zu wenige Gemeinsamkeiten auf der äußeren Ebene, das Fehlen eines ähnlichen soziokulturellen Hintergrunds, die Vernachlässigung äußerer Faktoren – all dies können Gründe sein, weshalb Ihre Beziehung zum Partner Sie nicht befriedigt.

8

Die innere Welt des Denkens

Zur Dimension des Denkens gehören alle unsere Gedanken, Glaubenssätze, geistigen Bilder, Fantasien und Begriffe, die mit unserer Innenwelt und unseren äußeren Beziehungen zu tun haben. In all unseren Beziehungen sind die Dimensionen des Denkens und Fühlens außerordentlich wichtig. Um auf der Ebene des Denkens bei einem anderen Menschen Resonanz zu finden, kann es sich als bedeutsam erweisen, dass beide Beteiligten dieselben Werte haben oder ähnlich denken. So finden sich beispielsweise nur sehr selten Menschen mit radikal linkem Gedankengut in einer Beziehung zu einem anderen Menschen mit radikal rechtem Denken wieder. Und auch Abtreibungsbefürworter und Abtreibungsgegner werden kaum erfolgreiche Partnerschaften eingehen können. Paare, bei denen die Ansichten und Meinungen der Partner sehr stark voneinander abweichen, gibt es nur sehr selten; in der Regel gibt es ein bestimmtes Maß an Übereinstimmung. Psychologisch gesehen sind ihre Denkprozesse und Wertvorstellungen recht ähnlich, daher ähneln sich auch ihre Werte in der Beziehung.

Trotzdem kann die Welt des Denkens recht verwirrend sein. Schließlich stammen Männer angeblich vom Mars, während Frauen von der Venus kommen. Natürlich denken Frauen anders als Männer. Traditionell behauptet die Forschung, dass Männer mehr mit der linken Gehirnhälfte arbeiteten, was ihnen ein eher rationales, lineares Denken eintrage. Sie neigten eher dazu, alles zu analysieren und ihre Schlüsse daraus zu ziehen. Frauen hingegen seien stärker auf ihre rechte Gehirnhälfte orientiert, was ihnen ein eher fließendes, intuitives Denken beschere. Dementsprechend sähen Männer Erfahrung als einen Vorgang mit Anfang, Mitte und Schluss, wohingegen Frauen eher das Prozesshafte daran wahrnähmen. Auf Grund dieser hier *stark verallgemeinernd* skizzierten Neigung, die Männer eher zum Denken denn zum Fühlen animiert, sind sie weniger in der Lage eine Bindung auf der Ebene der Gefühle einzugehen als Frauen.

In einer ihrer letzten Studien hat die bekannte Psychologin Carol Gilligan die Gültigkeit verschiedener entwicklungspsychologischer Modelle in Frage gestellt. Gilligans bahnbrechender Arbeit gelang es nachzuweisen, dass einer der Gründe für den Unterschied zwischen Männern und Frauen die Tatsache ist, dass sie einfach unterschiedlich erzogen wurden. Es hat also weniger damit zu tun, dass Männer von Natur aus *so* und Frauen *anders* sein sollen.

Auf Grund biologischer Gegebenheiten sowie kultureller Prägung (das heißt auf Grund ihrer Erziehung) konzentrierten Männer sich in der Vergangenheit stärker auf die Arbeit, wo analytisches Verhalten verlangt ist. Die meisten Frauen hingegen waren bislang mehr mit den sozialen Beziehungen der Familie beschäftigt. Beides bringt sehr unterschiedliche Denkgewohnheiten mit sich. Männer sind stärker auf Handeln hin orientiert. Ihr Denken zielt auf praktische Konsequenzen ab. Sie kümmern sich weniger um ihre Beziehungen, da bei ihnen die Lösung von Problemen mit einer gewissen Ergebnisorientiertheit im Vordergrund steht. Frauen mit ihrer Betonung der rechten Gehirnhälfte konzentrieren sich stärker auf Beziehungen und Gemeinschaft, die zu den wichtigsten Aspekten ihres Alltagslebens werden. Verständlicherweise prallen in einer Partnerbeziehung diese beiden Perspektiven leicht aufeinander. Männer konzentrieren sich stärker aufs Denken und Handeln, Frauen hingegen auf den Prozess der Beziehung, auf das Sein, auf die Familie und die Gemeinschaft.

Beide Haltungen beeinflussen das Denken ganz massiv. Hat eine Frau zum Beispiel ein Problem, wird dieses gewöhnlich sofort in seiner Bedeutung für die Beziehung gesehen. Männer konzentrieren sich hingegen sofort auf die Frage, wie das Problem sich lösen und bearbeiten lässt. Wenn wir also auf der Ebene des Denkens eine Beziehung zu jemand eingehen wollen, dann müssen wir darauf achten, wo unsere Denkgewohnheiten sich ähneln bzw. sich unterscheiden. Passen Sie und Ihr Partner denn überhaupt zusammen?

Es braucht wohl nicht erwähnt zu werden, dass die Betonung der rechten bzw. der linken Gehirnhälfte nicht immer den klassischen Geschlechtsmustern folgt. Männer können ihren Fokus auf die Gefühlswelt lenken, Frauen in der Welt „draußen" Karriere machen. Doch es scheint tatsächlich eine gewisse Neigung des männlichen Geschlechts zu geben die Realität rational wahrzunehmen, mit der Konzentration auf Ziele und Lösungen. Und Frauen scheinen das Ziel des Lebens tatsächlich eher in ihren Beziehungen zu sehen. Doch bei den meisten Menschen sind beide Denkformen in unterschiedlichem Ausmaß vorhanden.

Die Verschiedenheit der Denkstile anerkennen

Am wichtigsten ist es, die Denkungsart des Partners anzuerkennen. Ist er ein Denker? Ist er lösungsorientiert? Ist sie beziehungsorientiert? Sobald klar ist, wie das genau ist und wohin man selbst gehört, wird die Kommunikation sofort viel einfacher. Dadurch wird die Annäherung auch auf dieser Ebene möglich, die auf den ersten Blick so schwierig scheint. Auf diese Weise erlangen wir zumindest mehr Funktionalität.

Fragebogen zur Ebene des Denkens

(Lassen Sie auch Ihren Partner oder *potenziellen* Partner diese Fragen beantworten und besprechen Sie Ihre Ergebnisse.)

1. Denken Sie erst gründlich über etwas nach, bevor Sie in Aktion treten?
2. Ist Ihnen das Ergebnis des Handelns wichtiger als seine Auswirkungen auf Ihre Beziehungen?
3. Ist es für Sie wichtig oder weniger wichtig, in der Beziehung dies oder jenes zu erreichen?
4. Wenn die Gedanken Ihres Partners irrational oder sprunghaft erscheinen, versuchen Sie dann dies zu korrigieren?
5. Sind Beziehungen für Sie das Wichtigste?
   Wenn ein Problem auftaucht, sehen Sie dann zuerst, wie es sich auf Ihre Beziehungen auswirken wird, und erst danach, wie es gelöst werden könnte, oder umgekehrt?
6. Gehen Sie eher vom Gefühl als vom Denken aus?
7. Versuchen Sie bei einem Konflikt mit dem Partner auch eine gedankliche Einigung herbeizuführen und beide Seiten dabei zu berücksichtigen?

Fazit

Wenn wir unsere Bewusstheit und unsere Beziehungsfähigkeit steigern wollen, müssen wir lernen die unterschiedlichen Denkweisen anderer Menschen zu akzeptieren. Um das zu Wege zu bringen, müssen wir erst herausfinden, zu welchem „Lager" wir selbst gehören. Wenn wir unsere Art zu denken verstehen, sind wir auch in der Lage die der anderen anzunehmen. Dann können wir die verschiedenen Formen miteinander teilen, sodass wir das Denken unseres Partners bzw. das bewusste Nicht-Zurückgreifen auf diese Dimension schätzen lernen. Die Ebene des Denkens ist wichtig, weil sie in unserem Wirklichkeitsverständnis und unseren Beziehungen eine so große Rolle spielt.

9

Die Ebene des Fühlens

Gefühle sind vielleicht die am meisten missverstandene und die empfindlichste Ebene innerhalb unserer Beziehungen. Denn Emotionen sind – zum großen Bedauern der „Anhänger" der linken Gehirnhälfte – nicht rational. Daher sind unsere Gefühle im Gegensatz zu unseren Gedanken viel schwieriger zu steuern und zu kontrollieren. Auf der Ebene der Gefühle ist vor allem die Fähigkeit von Bedeutung, mit unseren Emotionen in Kontakt zu bleiben – sie wahrzunehmen, direkt zu erfahren und auszudrücken. Natürlich können Sie versuchen sie unter Kontrolle zu bekommen und mit dem Denken die Ebene der Gefühle zu beherrschen. Doch wir alle wissen, dass – wenn es hart auf hart kommt – unsere Emotionen weit mehr Einfluss haben als unsere Gedanken.

Ganz allgemein gesagt versuchen Männer heute des Öfteren die emotionale Dimension mit Hilfe der Dimension des Denkens zu kontrollieren. Wie oft haben Frauen Männer schon sagen hören: „Aber das ist nicht logisch." Und wie viele Männer haben von ihren Frauen schon das unvermeidliche „Es fühlt sich für mich nicht richtig an." zu hören bekommen? Um eine wirkliche Beziehung zu gestalten, müssen beide Partner beide Dimensionen entwickeln, das Denken und das Fühlen. *Grob verallgemeinert* könnte man sagen, dass Männer primär die Ebene des Denkens einsetzen, dann erst die der Gefühle. Während Frauen zuerst die Gefühlsebene sehen und dann die des Denkens. Aber kurzsichtig sind beide! Es ist unmöglich, Probleme, die sich auf einer Ebene ergeben, mit den Mitteln einer anderen zu lösen. Wenn Sie also versuchen, Ihre Gefühle mit Hilfe des Denkens unter Kontrolle zu bekommen oder umgekehrt, dann ist Ihr Vorhaben zum Scheitern verurteilt. Wenn Sie wirkliche Nähe in der Beziehung suchen, dann müssen Sie Ihre eigene emotionale und gedankliche Verfassung ebenso erforschen und akzeptieren wie die Ihres Partners.

In gelingenden Beziehungen stimmen die Partner auf der emotionalen Ebene in vielen verschiedenen Dingen überein. Ich kenne beispielsweise ein Paar, bei dem ein Partner sich sehnlichst ein Kind wünschte und der andere nicht. Die Beziehung verlor dadurch ihre Vertrautheit und Intensität. Auf der emotionalen Ebene muss es eine Menge Übereinstimmung geben. Und es ist auch wichtig, dass man diese Gefühle dem Partner mitteilen kann. Wie viele Frauen habe ich getroffen, die nur eine einzige Klage kannten: Sie fühlten sich von ihren Ehemännern unverstanden. In der Therapie sprechen Frauen häufig dieses Thema an. Sie möchten mit ihrem Partner besser kommunizieren. Die Männer wissen meist gar nicht, worum es geht. Dadurch fühlen die Frauen sich isoliert und allein gelassen. Leider gibt es in vielen Beziehungen wenig emotionale Berührungspunkte zwischen den Partnern. Das bedeutet, dass man die Gefühle des anderen nicht miterlebt, teilt und emotional für ihn nicht erreichbar ist. Dabei ruft die Erfahrung, keine emotionale Beziehung herstellen zu können, häufig den vergangenen Schock der Trennung von der Mutter wieder wach – was eine Kette von Gefühlen auslöst. *Doch diese emotionale, vergangenheitsbezogene „Eskalation" ist ein individuelles Problem und kein Partnerschaftsproblem. Dies sollte den beiden Beziehungspartnern klar sein.* Idealerweise begegnen sich die beiden Partner sowohl auf der emotionalen als auch auf der gedanklichen Ebene und sind fähig beides auszudrücken. Dies wiederum setzt voraus, dass man sich seine Gefühle auch ehrlich eingesteht.

Fragebogen zur Ebene der Gefühle

(Schreiben Sie Ihre Antworten auf oder teilen Sie sie Ihrem Partner mit, und zwar so lange, bis Ihnen zu der jeweiligen Frage nichts mehr einfällt. Lassen Sie auch Ihren Partner oder *potenziellen* Partner diese Fragen beantworten und besprechen Sie Ihre Ergebnisse.)

1. Hatte Ihre Mutter extreme emotionale Ausbrüche, mit denen Ihr Vater nicht zurechtkam?
2. Welche Strategien entwickelte Ihr Vater, um mit den Ausbrüchen Ihrer Mutter fertig zu werden?
3. Ist für Sie Denken wichtiger als Fühlen?
4. Sind Gefühle für Sie etwas, das man am besten loswerden sollte, weil es nicht wichtig und wertvoll ist?
5. Wenn jemand anders, zum Beispiel Ihr Partner, die Emotionswellen hochschlagen lässt, neigen Sie dann dazu, wegzugehen oder sich innerlich abzukapseln?
6. Wenn Ihr Partner ein emotionales Problem hat, neigen Sie dann zu stark betonter Rationalität?
7. Versuchen Sie des Öfteren, Gedanken mit Gefühlen zu überdecken?
8. Denken Sie, dass etwas richtig ist, weil es sich richtig anfühlt?
9. Reißen Ihre Gefühle Ihnen manchmal den Boden unter den Füßen weg?
10. Wie reagierte Ihr Vater auf die Ausbrüche Ihrer Mutter?
11. Wie reagierten Sie auf die Ausbrüche Ihrer Mutter?
12. Reagiert Ihr Ehemann auf dieselbe Weise auf Ihre Emotionen wie Ihr Vater auf die Gefühle Ihrer Mutter?

Fazit

Gefühle müssen anerkannt werden. Schließlich müssen Sie wissen, wie Sie sich fühlen. Versuche, die Nähe in Ihrer Beziehung zu steigern, sind zum Scheitern verurteilt, wenn Sie versuchen, Ihrer Emotionen mit Hilfe Ihrer Gedanken Herr zu werden. Für eine befriedigende Beziehung müssen Sie zunächst Ihren emotionalen Zustand anerkennen und sich dann fragen, woher er kommt. Stammen Ihre emotionalen Zustände von Ihren Eltern? Wie waren sie emotional miteinander verbunden? Wenn Ihr Vater sich zum Beispiel in sein Schneckenhaus zurückzog, sobald Ihre Mutter emotional wurde, dann tun Sie vielleicht heute genau dasselbe. Frauen, die dieses Verhalten von ihrem Vater kennen, neigen dazu sich Ehemänner zu suchen, die ihre Gefühle nicht verstehen, nicht nachvollziehen und schätzen können.

Damit wir in einer Beziehung einander tatsächlich begegnen können, ist es wichtig, unsere gesamte Wirklichkeit und die unseres Partners mit unserem Bewusstsein zu erfassen. Gewöhnlich ist einer der Gründe, warum es in unseren Beziehungen an Nähe mangelt, die Tatsache, dass wir immer versuchen, eine Ebene der Wirklichkeit mit der anderen zu kontrollieren. So werden Gefühle zum Beispiel an Stelle von Gedanken wahrgenommen und umgekehrt. Da aber Gefühle sehr stark sind und sich weniger leicht kontrollieren lassen als Gedanken, ist es von ausschlaggebender Bedeutung, auch die emotionale Seite zu sehen. Mehr Nähe in der Beziehung bedeutet also, dass Sie Ihre Gefühle und die Ihres Partners richtig einzuschätzen lernen, dass Sie sie sozusagen als elementare Bestandteile des Mosaiks oder Wandteppichs Ihrer Verbindung sehen. Sie sind nicht das ganze Bild, aber doch ein wichtiger Teil davon. Denn Beziehungen lösen sich auf wie ein Wandteppich, wenn man anfängt an einem Faden zu ziehen, während man dem ganzen Rest keinerlei Beachtung schenkt. Die Beziehung selbst ist das große Ganze. Konzentrieren wir uns zu sehr auf einen Einzelaspekt, dann sehen wir den Wald vor lauter Bäumen nicht. Dann aber vernachlässigen Sie nicht nur das ganze Bild. Meist wissen Sie nicht einmal, dass Sie sich auf einen Faden (eine Ebene) konzentrieren und dabei das Ganze (die Gesamtheit der Ebenen) außer Acht lassen.

10

Die Biologie der Beziehungen

Der biologische Aspekt von Beziehungen ist vermutlich der schwierigste von allen. Wie Freud vor mehr als 100 Jahren schon ausführte, wird unsere Sexualität so massiv unterdrückt bzw. sublimiert (das heißt: durch den Vorgang der Substitution in andere Bereiche umgelenkt), dass die meisten Menschen nicht einmal annähernd erspüren können, was auf der biologischen Ebene tatsächlich vor sich geht. Zuerst einmal müssen wir begreifen, dass es auf der biologischen Ebene zu einem Zusammenspiel von sinnlichen, sexuellen und biochemischen Impulsen kommt.

In einer länger währenden sexuellen Beziehung geht es nicht wirklich um die äußeren Mechanismen der körperlichen Begegnung wie: Ich mag, wenn du dies tust, und du magst es, wenn ich jenes mache. Denn die Sexualität hat in Wirklichkeit einer tiefere, mehr organische Dimension, und zwar in der Biochemie des Körpers. Diese Dimension geht den anderen voraus. Die Wahrnehmungen auf dieser Ebene erreichen das Gehirn schneller als diejenigen auf der gedanklichen, psychischen oder emotionalen Ebene, da sie durch den Geruchs- und Geschmackssinn übermittelt werden. Der Lehrer des „vierten Wegs", G. I. Gurdjieff, sagte einmal, dass Empfindungen viel schneller seien als Gedanken oder Gefühle. Und Alfred Korzybski, der Begründer der allgemeinen Semantik, wies schon in den dreißiger Jahren nach, dass für das Gehirn bzw. Nervensystem Empfindungen viel näher an der grundlegenden Einheit sind als Gedanken oder Emotionen. *Die Empfindung mit ihrer Biochemie steht dem, was ist, also näher.*

Sie sollten sich also fragen: Ruft dieser Mensch in mir *Verlangen* wach? Mag ich, wie er *riecht*? Mag ich, wie er *schmeckt*? Wenn Sie den

Geruch und Geschmack des anderen Menschen nicht mögen, dann werden Sie diesem Menschen auch nicht näher kommen wollen. Wenn Sie diesen Menschen nicht begehren, dann wollen Sie vermutlich zu ihm keine sexuelle, sinnliche oder zärtliche Beziehung aufbauen. Nur zu häufig höre ich in meiner therapeutischen Praxis Klagen, dass der Partner nicht zärtlich sei. Doch Sie können einen anderen Menschen nicht dahingehend beeinflussen, dass er Ihnen gegenüber sexuelle oder sinnliche Gefühle empfindet und dies auch ausdrückt. Das muss ganz aus den Betroffenen selbst kommen, aus ihrem Innersten. Es funktioniert nur, wenn sie *Verlangen* nach Ihnen verspüren.

Die Biochemie der Beziehungen geht also auf unsere biologische Natur zurück, auf eine Ebene, die ganz real und völlig unkontrollierbar ist. Viele Menschen sind sich dieser Ebene nicht einmal ansatzweise bewusst. Da diese Ebene außerhalb des Bewusstseins liegt, ist sie präverbal und sie liegt vor der Ausbildung des begrifflichen Denkens und auch vor der Entwicklung unseres Mutter- bzw. Vater-Urbildes. Sie ist fest in unserem Nervensystem verankert. Sie ist organisch, Teil des Körpers. Ein Beispiel: Was mögen Sie lieber – Vanille-, Schokolade- oder Pistazieneis? Oder vielleicht doch Erdbeereis? Wie Sie sehen, treffen Sie hier keine Entscheidung, zumindest keine bewusste.

Wenn wir in Beziehungen Probleme haben, dann liegt das daran, dass wir die verschiedenen Ebenen verwechseln. Mit anderen Worten, häufig können Menschen sich auf der gedanklichen Ebene oder auf Grund von Übereinstimmungen im äußeren Kontext gut leiden, doch auf der biologischen passen sie nicht zusammen. Oder Sie reden gerne mit jemandem, weil er dieselben Werte vertritt wie Sie, aber Sie tun einfach nie dieselben Dinge in der Außenwelt. Eine andere, relativ häufig anzutreffende Möglichkeit ist, dass man mit jemandem zwar befreundet ist, doch auf der biologischen Ebene funkt es nicht. Oder es funkt zwar auf der körperlichen Ebene, doch gedanklich, emotional und auf der Ebene des Lebensstils könnten die Unterschiede nicht größer sein.

Von entscheidender Bedeutung ist, dass wir uns klar machen, dass die biochemische Dimension nicht unserer bewussten Kontrolle unterliegt, sondern fest in unserem Nervensystem verankert ist. Ein bekannter Song aus den siebziger Jahren drückte das so aus: „When you're hot, you're hot – and when you're not, you're not." (Wenn du heiß bist, bist du heiß; wenn nicht, dann eben nicht.) Anders gesagt: An der biochemischen Ebene der Beziehung kann man nicht direkt „arbeiten". Daher ist es wichtiger, dass wir uns klar machen, ob wir „Appetit" aufeinander haben, statt den bestehenden Zustand ändern zu wollen. Probleme entstehen meist, wenn wir den Mangel an Resonanz auf der biologischen Ebene von einer anderen Ebene her überdecken wollen. Und wenn wir glauben, dass ein Zusammenklang auf der biologischen Ebene Probleme auf einer der anderen Ebenen ausgleichen könne. Dass dies nicht funktioniert ist ein weiterer Hauptgrund für den Mangel an Nähe in Beziehungen.

(Den zweiten Teil dieses Kapitels bildet ein Beitrag von Carol Agneesens.)

Zur Biologie der Beziehungen

Ein Beitrag von Carol Agneesens, M. S.

Wenn ich das Wort „Biologie" höre, dann denke ich sofort an die langen Stunden, die ich in Universitätslabors zugebracht habe. Ich sehe lange Tischreihen mit Reagenzgläsern, Mikroskopen und Petrischalen, in denen seltsam gefärbte Organismen schwammen. Biologie ist die Wissenschaft vom Leben in all seinen Ausprägungen. Es geht dabei um lebende Organismen – ihre Form und Struktur, ihr Verhalten und ihre Funktion, ihren Ursprung und ihre Entwicklung. Auf den ersten Blick scheint Biologie mit der Natur von Paarbeziehungen gar nichts zu tun zu haben, doch jede Vereinigung auf der körperlichen Ebene ist ja ein biologischer Akt. Und die Biologie ist es, die unser Leben, unser Atmen, ja unsere ganze Körperlichkeit bestimmt. Wie ich auf den folgenden Seiten zeigen werde, wird dieser so wesentliche Teil unserer Natur in Beziehungen häufig vernachlässigt und übersehen.

Unsere biologischen Bedürfnisse und Triebe scheinen durch unzählige Formen der Ersatzbefriedigung zufrieden gestellt zu werden. Leider funktionieren diese immer nur für einen begrenzten Zeitraum. Am Ende werden sie zu repressiven Strukturen auf der psychischen Ebene. Reich würde sagen, dass die Unterdrückung unserer biologischen Triebe häufig zu psychologischen Abstraktionen führt. Doch das Leugnen derselben führt nur dazu, dass wir uns weit von unserem Menschsein entfernen. Unsere biologische Dimension, der meist vernachlässigte Aspekt unseres Zusammenseins, ist letztlich aber die Grundlage für mehr Nähe in der Beziehung, sozusagen der Leim, der alles zusammenhält.

So gesehen geht es in der Biologie der Beziehung um die physikalischen und chemischen Formen der Interaktion, die sehr greifbar sind: von Körper zu Körper, Haut zu Haut, Fleisch zu Fleisch. Hinter dem erregenden Blick auf einen potenziellen Partner steht ein Hexengemisch von „Säften", biochemischen Botenstoffen, die durch unseren Körper fließen. Geruchs- oder Geschmacks- oder Tastempfindungen, all unsere Fantasien kommen aus diesem neurochemischen Cocktail, der uns beim Tanz der Leidenschaft anregt. Wenn meine Klienten über ihre Sexualität sprechen, enthüllen die meisten, dass sie ihren Partner zwar in früheren Jahren aufregend fanden, doch dass sie seitdem das Interesse am körperlichen Aspekt der Begegnung weitgehend verloren haben. Bei vielen Paaren neutralisiert sich die Spannung der körperlichen Anziehungskraft mit der Zeit. Die Sicherheit, Bequemlichkeit und Annehmlichkeit, die langjährigen Beziehungen meist innewohnt, lässt das sexuelle Begehren geringer werden. Allmählich leben die Partner zusammen wie Bruder und Schwester. Sie sind gerne zusammen, haben Spaß und Vergnügen dabei – doch bleibt dieses Vergnügen platonisch, das heißt nicht sexuell.

Häufig wird diese Form des familiären Zusammenseins als natürlicher Vorgang betrachtet, der mit dem Alter oder den gemeinsam verbrachten Jahren zusammenhängt. Einige Paare erleben dies gar als willkommene Freiheit von den „ehelichen Pflichten", die sie nicht mehr anziehen. „Wir tun es einfach nicht mehr" – diesen Satz hört man von diesen Paaren immer wieder. Doch wie bequem solch eine asexuelle Partnerschaft auch sein mag, so sollten wir doch nicht übersehen, dass sie den Körper (die biologische Dimension des Seins) erneut seiner historischen und religiösen Unterdrückung ausliefert. Der Körper wird geduldet und gilt nicht mehr als Medium des Lebens selbst. Sie sehen, dass es von nicht zu unterschätzender Bedeutung ist, die belebende Energie der einzigartigen Sinnlichkeit unseres Körpers in unsere Beziehung einfließen zu lassen, damit wir unsere eigene Erfahrung vertiefen und die Nähe zu unserem Partner vergrößern können.

Ich habe bisher die Worte „Sexualität"und „Sinnlichkeit" als Synonyme benutzt, obwohl sie eigentlich zwei ganz verschiedene Qualitäten der Erfahrung beschreiben. Sinnlichkeit entsteht aus den Sinnen und ihrem organischen Kontakt zu den Elementarkräften: dem Duft des Körpers, dem Wohlgeruch regendurchnässten Haares, der Lebendigkeit, die aus dem Inneren eines anderen Menschen strahlt. Die Erde unter meinen Füßen, die zarten Regentropfen auf meinem Gesicht, das betörende Aroma des nächtlich duftenden Jasmins im Garten – all dies sind Aspekte unserer körperlichen Verbundenheit mit dem, was natürlich ist. Die Produktivität, die Freude, die leidenschaftliche Erwartung, die im Frühling knospende Pflanzen in uns auslösen – all dies sind Aspekte unserer Körperlichkeit.

Unglücklicherweise betrachten wir unseren Körper aus kulturellen, religiösen, sozialen und individuellen Gründen eher als gut funktionierende Maschine denn als lebendes, fühlendes Ganzes. Sinnlichkeit ist der Ausdruck der Sinne, wenn wir sie einmal nicht der urteilenden, begrenzenden Herrschaft unseres Intellekts unterwerfen. Wir können nicht mit dem Kopf fühlen, und doch findet es in unserem Kopf statt, wenn wir uns anschicken zu fühlen. Bewusstheit zu ermöglichen, indem wir die Kanäle der Sinne öffnen (statt neue Denkpfade auf der Großhirnrinde) – das entzündet in uns das Feuer der körperlichen Intelligenz. Die meisten Menschen haben ihr körperliches Selbstbewusstsein ausgeschaltet und damit auch ihre Lebendigkeit und ihre körperliche Weisheit. Statt der „fleischlichen" Intelligenz zu vertrauen stützen wir uns auf messbare, beweisbare Informationen. Sinnliches Wissen, das sich häufig in einer Empfindung im Bauch ausdrückt, wird meist schon im Moment des Entstehens unterdrückt. Unserem „Bauch" zu vertrauen, unseren sinnlichen Eindrücken gegenüber offen zu sein – dies scheinen wir ohne größeres Bedauern aufgegeben zu haben. Doch wenn wir erneut lernen, wie wir durch die geerdete Grundlage unseres Körpers fühlen und wissen können, erwecken wir unser „instinktives Selbst", unser animalisches Erbe, wieder zum Leben.

Viele Menschen kommen zu Rolfing-Sitzungen oder anderen körperorientierten Angeboten, um ihre Empfindungsfähigkeit wieder zu erwecken. Anfangs beschweren die Klienten sich häufig, dass sie nichts fühlen. Ihr Körper ist meist ganz taub. Wenn ich sie bitte, den Teil ihres Körpers zu benennen, in dem sie am meisten Energie fühlen, dann sagen sie, das sei ihr Kopf oder eine bestimmte Stelle am oder im Kopf. Häufig fühlen sie die meiste Energie hinter den Augen. Ich frage meine Klienten beim Erstgespräch, was sie auf der körperlichen Ebene empfinden. Und meist antworten sie mir, dass sie sich nicht einmal sitzen spüren oder keine Ahnung haben, wo ihre Füße gerade sind. Wenn wir die Sitzung beginnen, frage ich einfach immer weiter. Ich bitte sie, ihr Bewusstsein an die Stelle unter meinen Händen zu lenken oder ihren Fuß, ihre Ferse, ihr Bein in Bezug zu der Stelle wahrzunehmen, wo meine Hände aufliegen. Gemeinsam holen wir dann das Körperbewusstsein und die verlorene Sinnlichkeit zurück.

Der Körper ist sinnlich und räumlich – er ist köstlich, saftig und weich. Mit diesen Worten beschreibt man sonst das Gefühl beim Verzehren einer Frucht, doch sie treffen auch auf die Wahrnehmung des Körpers von innen her zu. Leider ist für viele Menschen sinnliche Wahrnehmung nichts Angenehmes, sondern eher etwas, das sie kontrollieren oder gar fürchten müssen. Sobald sie auch nur den Hauch einer sinnlichen oder körperlichen Empfindung verspüren, dämpfen sie die Empfindung oder abstrahieren sie zu einem gedanklichen Begriff. („Das fühlt sich traurig, wütend, ängstlich an.") Oder sie denken sich eine Geschichte aus, die diese spezielle Empfindung erklärt. Sehr häufig wird eine sinnliche Empfindung sofort als sexuell interpretiert. Empfindung ist Empfindung. Sie ist die Grundlage für körperliche Lebendigkeit, die im Wesentlichen sinnlich ist. Sinnliche Empfindungen können sexuell sein, müssen es aber nicht. Und wenn sie sexuell sind, müssen sie nicht ausgelebt werden. Die jahre-, ja jahrhundertelange Unterdrückung des Körpergefühls hat körperliche Empfindungen eng an den Bereich des Sexuellen gebunden. Daher erleben wir sie als etwas, das kontrolliert werden muss. Wenn wir auf dem Weg zu unserer physischen Bewusstheit, zu unserem Körperwissen vorwärts kommen wollen, müssen wir lernen körperliche Empfindungen als positive, vitalisierende Kraft zu erleben, die wir einfach sein lassen, ohne sie mit Urteilen, Etiketten oder Geschichten zu versehen.

Die Unterdrückungsmechanismen, mit denen Menschen von ihrer Körperlichkeit fern gehalten werden, schlagen sich meist in fixen Ideen und Glaubenssätzen über Sinnlichkeit, Körper und so weiter nieder. Ein Teil der Herausforderung besteht also darin festzustellen, was wir über unseren Körper glauben. Damit können wir dann arbeiten.

Unsere Empfindungen zu akzeptieren heißt nach sinnlicher Ganzheit zu streben.

Dialog mit dem Körper:
Welche Körperregionen treten in Ihr Bewusstsein?

Setzen Sie sich bequem hin und achten Sie auf Ihren Atem. Lenken Sie Ihre Aufmerksamkeit auf die Körperteile, die Sie spüren (zum Beispiel Ihren Kopf, Ihren Rücken, einen bestimmten Schmerz etc.). Versuchen Sie nicht, etwas an dieser Wahrnehmung zu verändern: Seien Sie sich dieser Körperstellen einfach nur bewusst. Was geht Ihnen durch den Kopf, wenn Sie „sinnlich" sagen? Verkrampft Ihr Körper sich, entspannt er sich oder ändert sich Ihr Atemrhythmus? Welche Bilder fallen Ihnen ein, wenn Sie sich etwas „Sinnliches" vorstellen? An welchen Körperstellen ziehen Sie Ihre Aufmerksamkeit vom Sinnlichsein ab, an welchen Körperstellen nimmt die Aufmerksamkeit zu? Wenn Sie sich sinnlich fühlen: Welchen Körperpartien wenden Sie Aufmerksamkeit zu?

Dialog mit dem Körper: Assoziationen

Nehmen Sie die Informationen, die Ihnen die letzte Übung eingetragen hat, und achten Sie darauf, womit der Begriff „sinnlich" für Sie verbunden ist. So kann es beispielsweise sein, dass Ihnen dazu sofort das Wort „Scham" einfällt.

1. Wenn Sie Sinnlichkeit mit Scham verbinden, was kommt dabei heraus? Sündiges Begehren? Gibt es eine Stelle an Ihrem Körper (in der Gegenwart), an der Sie sich sündig und lustvoll spüren? Ziehen Sie die Etikettierung ab, die Sie diesem Gefühl verpasst haben, und erfahren Sie es als reine Energie.

2. Wenn Sie Sinnlichkeit mit Scham verbinden, wozu kommt es dann nicht? Freiheit? Welche Ihrer Annahmen, Entscheidungen oder Glaubensvorstellungen haben Sie dazu gebracht, Freiheit meiden zu wollen? Wo in Ihrem gegenwärtigen Körper haben Sie Freiheit nicht zugelassen?

3. Wenn Sie Sinnlichkeit mit Scham verbinden, wogegen leisten Sie dadurch Widerstand? Sie verhindern dadurch Ihre sexuelle Ausdrucksfähigkeit. Wo in Ihrem gegenwärtigen Körper erfahren Sie diese Behinderung? Ziehen Sie die Etikettierung von diesem Gefühl ab und lassen Sie es in seinen ursprünglichen Zustand als reine Energie zurückkehren.
4. Wenn Sie die Vorstellung von Sinnlichkeit von jener der Scham trennen, was erfahren Sie dann?
5. Wenn Sie die Vorstellung von Sinnlichkeit von jener der Scham trennen, was geschieht nicht?

Was fällt Ihnen zum Thema Sinnlichkeit und Scham noch ein? Erzählen Sie mir mehr. Und noch mehr.

Frankreich ist eines der wenigen Länder in der westlichen Welt, in dem die Sinnlichkeit Anerkennung und Wertschätzung findet. Franzosen feiern ihre Sinnlichkeit ganz offen. Das lässt sich schon an der Art erkennen, wie die Menschen sich anziehen, wie Männer und Frauen sich ansehen, aber auch an der Vorliebe der Franzosen für gutes Essen, Wein und Vergnügen. Alter, Konfektionsgröße und Körperform beherrschen den Ausdruck weiblicher Schönheit längst nicht so wie in den USA. Das heißt nicht, dass die Menschen dort jedem ihrer Impulse nachgehen. Es herrscht dort nur einfach das allgemeine Einverständnis, dass man sich an der Schönheit des Körpers und am Leben im Allgemeinen erfreut.

Eines meiner Ziele ist es, den Menschen Möglichkeiten zu vermitteln, mittels derer sie einen Weg zurück zu ihrem Körper und ihrem sinnlichen Empfinden finden können, auch wenn viele Menschen ihren Körper zunächst einmal ablehnen. Mangelndes Gefühlsleben und Körperhass haben in meinen Augen dieselben Wurzeln – Wurzeln, die lange Zeit nicht genährt wurden und nicht robust genug sind, um ein gesundes Leben zu ermöglichen. Obwohl diese Wurzeln weit zurück in unsere Kindheit reichen und vielleicht sogar ein Vermächtnis der vorangehenden Generationen sind, können sie jederzeit wieder „regeneriert" werden, sodass jedes Individuum seine volle körperliche

Lebendigkeit und die entsprechende Nähe in Beziehungen erfahren kann.

Dialog mit dem Körper: Wo sitzen die Urteile?

Setzen Sie sich bequem hin und spüren Sie, wie Ihr Körper schwer gegen seine Unterlage (den Stuhl oder Fußboden) drückt. Was spüren Sie in Ihrem Körper? Stellen Sie sich Ihren Körper nun als dreidimensionale Landkarte vor. Welche Höhe, Breite und Tiefe hat diese Karte? Können Sie viele Details darin erkennen oder ist Ihre Körperlandkarte eindimensional und nur mit Abziehbildern angefüllt? Fragen Sie sich nun, welche Körperpartien sie verurteilen und nicht akzeptieren können. Lassen Sie diese Stellen aufleuchten, ohne dabei etwas zu verändern. Im Augenblick sollen Sie einfach nur wahrnehmen.

Zyklen des Begehrens

Die Zyklen abnehmender und zunehmender Leidenschaft sind organische Rhythmen, so natürlich wie die Wanderung der Sterne oder die Mondzyklen. Alles ist in einem Kreislauf des Kommens und Gehens begriffen. Jemanden immer zu begehren ist so unnatürlich, als würde man erwarten, dass die Flut niemals der Ebbe weicht. Ebbe und Flut wechseln einander ab, doch die Verbindung, der Energiefluss zwischen den beiden Partnern ist trotzdem da. Das Verlangen nach dem Partner, seinem Geruch, seinem Geschmack, seiner Berührung ist ein natürlicher Ausdruck des biologischen Verlangens. Ich spreche da nicht von der Sehnsucht nach jemandem, wenn er nicht da ist, und auch nicht von Kinobesuchen mit Menschen, die Sie gut leiden können. Verlangen ist etwas Biologisches. Es ist am ehesten mit Hunger vergleichbar. Ohne die Berührung des Partners, ohne seine Umarmung fehlen Ihnen wichtige Nährstoffe. Die biologischen Aspekte der Beziehung sind sehr real, auch wenn sie häufig von unseren geistigen Bildern überdeckt werden. Wir fragen uns, wer eine gute Partie wäre, oder gehen einfach eine Beziehung ein, weil wir uns allein fühlen. Wenn die biologische Dimension bei der Partnerwahl nicht beachtet wird, kommt es später häufig zu Problemen.

Denn die körperliche Ebene, das sexuelle, sinnliche Vergnügen, die körperliche Liebe und die Berührung sind der „Leim", der Beziehungen zusammenhält. Der Geruch, die körperliche Gestalt, all das ist in einer Partnerschaft wichtig. Eine tiefe und lustvolle Körperbeziehung am Anfang einer Partnerschaft wirkt in schwierigen Zeiten oft unterstützend. Daher ist es wichtig, dass wir den anderen ansehen. Damit können wir häufig die Kanten eines allzu scharfen und sinnlosen Wortes glätten. Ich habe mit meiner Partnerin ganz am Anfang unserer Beziehung eine Abmachung getroffen: Hitzige Diskussionen werden nicht im Bett ausgetragen. So ist das Bett der Ort, an dem wir Freude empfinden, entweder weil wir uns im Schlaf erholen oder weil wir uns gegenseitig liebkosen.

=> Polyvagal => 223, 79

Ineinanderfließen

Auch das neurologische Muster des Ineinanderfließens, bei dem wir nicht passiv, sondern aktiv miteinander verschmelzen, unterstützt und stabilisiert uns. Wenn Sie jemals ein Baby im Arm seiner Mutter beobachtet haben, wissen Sie sofort, was ich meine. Der strahlende Frieden in seinem Gesicht fließt ihm aus dem Körper der Mutter zu. Diese Art von Kontakt und Unterstützung lässt die Grenzen zwischen den beiden Liebenden verschwimmen. Dabei geht es mir nicht um ein passives Herumhängen. Ich stelle mir viel mehr ein aktives Ineinander-Übergehen vor. Wenn Sie lernen, wie Sie mit Ihrem eigenen Körper und dann mit Ihrem Partner verschmelzen, dann erst ist das Tor zu einer erfüllten körperlichen und energetischen Begegnung offen.

Übung zum Ineinanderfließen

Legen Sie sich bequem auf den Bauch. Lassen Sie nun zu, dass Ihr Bauch mit seiner Unterlage (dem Boden, einer Matte etc.) verschmilzt. Stellen Sie sich vor, Ihr Bauchnabel sei ein kleiner Stein, der fällt und fällt – immer weiter auf den Erdmittelpunkt zu. Achten Sie darauf, wie Ihr Körper zur Ruhe kommt, wenn das Verschwimmen der Grenzen sich immer weiter ausbreitet. Aus diesem Zustand heraus können Sie handeln: Sie können vorwärts drängen, auf etwas zu. Dieser Zustand hat eine sehr unterstützende Wirkung. Er fördert den Kontakt. Und für eine gesteigerte Intimität auf biologischer Ebene ist er unersetzlich.

11

Das Herz – die Ebene des Essenziellen

Das *Herz*: die Verbindung zur *Essenz*. Auf der Ebene der Partnerschaften könnte man diese Verbindung umschreiben als Band, als wesensmäßige Resonanz von Mensch zu Mensch. *Das Herz verkörpert unser Wesen* und steht daher noch vor unseren Sinnesempfindungen, die wir über Tast-, Geruchs- und Gesichtssinn erlangen. Der innere Raum von Essenz bzw. Herz ist frei von allen Konditionierungen. Wenn wir jemanden kennen lernen und spüren diese Energie des Herzens, dann heißt das, dass wir unser innerstes Wesen erfahren. Diese vollkommen reine Erfahrung ohne jeden Filter ist eine energetische Kommunikation von Herz zu Herz oder *von Essenz zu Essenz*. Natürlich können Sie Ihre Essenz auch erleben, wenn Sie keinen Partner und keine Beziehung haben. Doch da wir hier über Beziehungen sprechen, möchte ich mich ganz besonders auf das Gefühl beziehen, das wir alle kennen: mit einem anderen Menschen in einer Liebesbeziehung zu sein, die uns tief in die Essenz des Herzens führt.

Dabei kann folgendes Problem aufkommen: Es gibt Menschen, mit denen wir diesen tiefen essenziellen Zusammenklang spüren, ohne uns jedoch auf emotionaler oder psychischer Ebene mit ihnen verbunden zu fühlen. Wenn dieser Zusammenklang stark genug ist, fangen wir vielleicht an ihn zu interpretieren. Wir denken uns, dass dies mehr bedeuten müsse als die einfache Tatsache, dass wir zu jemandem eine essenzielle Herz-zu-Herz-Verbindung empfinden. Manchmal machen wir uns vor, dass dieser Zusammenklang eine aufkommende sexuelle Spannung signalisiere. Dann sollten wir klar machen, dass die verschiedenen Ebenen der Begegnung (und des Bewusstseins) ihre bestimmte Funktion haben. Daher sollten wir diese Ebenen nicht verwechseln oder Bedürfnisse auf einer Ebene mit Elementen einer anderen zu befriedigen suchen. Ich kenne viele Menschen, die diesen tiefen inneren Zusammenklang mit einem anderen Menschen gefunden haben, und trotzdem funktionieren ihre Beziehungen einfach nicht. Es fehlt ihnen an Nähe. Warum? Weil sie glauben, dass diese Herzensverbindung ausreiche. Sie reicht nicht aus. Nähe entsteht nie aus einem Zusammenklang auf nur *einer einzigen* Ebene. Eine funktionierende Beziehung beruht immer auf dem Austausch auf mehreren Ebenen. Einfach gesagt: *Je mehr Ebenen eine Beziehung hat, desto ganzheitlicher und vollständiger ist sie. Je weniger Ebenen in der Beziehung angesprochen werden, desto weniger ganzheitlich ist die Verbindung.*

Die Wahrscheinlichkeit für eine gute Beziehung steigt, wenn zwei Menschen auf möglichst vielen Ebenen miteinander harmonieren. Wir sollten daher darauf achten, dass wir auch auf anderen Ebenen zusammenpassen, wenn wir eine erfolgreiche Beziehung haben wollen. Normalerweise sind es die *Herzensebene* und die *biochemische* Ebene, die uns zum Eingehen einer Beziehung anregen. Doch egal wie stark die Anziehung auf diesen beiden Ebenen sein mag, sie garantiert nicht, dass wir mit dem neuen Partner dieselben Wertvorstellungen teilen (Denken), emotional auf einer Wellenlänge liegen und dies entsprechend kommunizieren können (Fühlen) und darüber hinaus auch noch gerne dieselben Dinge tun (Außenwelt). Wenn wir uns dies klar machen, können wir die Beziehung von Herz zu Herz (oder von Essenz zu Essenz) als das wahrnehmen, was sie ist. Denn wann immer wir versuchen, eine Beziehungsebene mit einer anderen zu überlagern oder auszutauschen, führt dies im Allgemeinen zu Kummer und Schmerz.

Die *Essenz* ist tatsächlich das Herz des Ganzen, denn die Essenz ist der Ort, an dem Ihr Herz ist. Es kommt ja häufig vor, dass wir uns auf der Herzensebene gut mit jemandem verstehen – ohne Übereinstimmungen auf der sexuellen oder lebensweltlichen Ebene. Dies ist ein wirklich eigenartiges Phänomen, ein echtes Geheimnis. Ich erinnere mich beispielsweise daran, dass ich einmal in einem Supermarkt wirklich eine intensive Herzresonanzerfahrung mit der Frau an der Theke hatte. Doch als ich mit ihr zu sprechen anfing, hatten wir uns nichts zu sagen, weil wir keinerlei gemeinsame Erfahrung hatten, auf der wir hätten aufbauen können. Das heißt nicht, dass diese Frau gut oder schlecht ist. Wir hatten nur einfach eine Erfahrung des Zusammenklangs von Herz zu Herz, von Essenz zu Essenz. Auf allen anderen Ebenen hatten wir keinerlei Verbindung.

Liebe und was sich damit verbindet

Liebe ist eine so mächtige Erfahrung und so stark mit unserem Sein verbunden, dass bei einem Mangel derselben es häufig zu einer Verschmelzung von Liebe mit einer anderen Art der Erfahrung kommt. So kann Liebe mit Geld assoziiert sein oder – ein anderer kitzliger Erfahrungsbereich (kein Doppelsinn beabsichtigt!) – mit Sex.

Der Prozess des Liebens

Nur sehr selten erfahren wir vollkommen reine Liebe. Gewöhnlich ist Liebe mit irgendwelchen Handlungen, Gefühlen, Gedanken etc. verbunden. Da Ihre Vorstellungen von einer Sache nicht die Sache selbst sind, sollten Sie sich eingestehen, dass Ihre Vorstellungen von Liebe nicht Liebe sind. Sie müssen sie als Vorstellungen anerkennen und sich davon lösen. Auf diese Weise erlangen Sie die essenzielle Qualität der Liebe, die Liebe um der Liebe willen, Liebe ohne Objekt oder reine Liebe.

Übung

Machen Sie diese Übung zusammen mit Ihrem Partner oder potenziellen Partner. Ziel und Zweck ist es, die Vorstellungen herauszufiltern, die Sie mit Liebe verbinden, um Ihnen beiden die reine Liebe zu ermöglichen.

Teil 1:

Stellen Sie sich Ihrem Partner gegenüber. Sagen Sie die folgenden Sätze zu ihm, wobei Sie die Lücken nach Ihrem Empfinden füllen.

„Wenn ich mich auf deine Liebe einlasse, könnte ich mich … fühlen." (Lücke bitte füllen.)

Ein paar Beispiele: „Wenn ich mich auf deine Liebe einlasse, dann fühle ich mich dir verpflichtet." Oder: „Wenn ich mich auf deine Liebe einlasse, dann habe ich das Gefühl, dir ebenso viel zurückgeben zu müssen." Und: „Wenn ich mich auf deine Liebe einlasse, dann fühle ich mich eingeengt." – „Wenn ich mich auf deine Liebe einlasse, habe ich das Gefühl, ich müsste mich sofort zurückziehen, weil es mich sonst bald nicht mehr gibt."

Wiederholen Sie den Satzanfang so lange, bis nichts mehr hochkommt. (Was immer Ihnen bei dieser Übung einfällt, Sie nehmen es nur zur Kenntnis und lassen es dann los.)

Teil 2:

Machen Sie diese Übung mit Ihrem Partner. Nun beginnen Sie den Satz mit: „Wenn ich Liebe fühle, dann muss ich …" (Lücke bitte füllen.)

Beispiele: „Wenn ich Liebe fühle, muss ich mit dem, was du sagst oder tust, immer einverstanden sein." Oder: „Wenn ich Liebe fühle, heißt das, ich muss dich umarmen." Und: „Wenn ich Liebe fühle, heißt das, dass ich für dich kochen muss." Wiederholen Sie den Satzanfang so lange, bis Ihnen nichts mehr einfällt. (Was immer in Ihnen hochkommt, nehmen Sie zur Kenntnis und verabschieden sich dann davon.)

Liebe ist ein emotional stark aufgeladenes Thema. Daher ist es wichtig, die reine Liebe zu finden, die nicht mit irgendwelchen Assoziationen verbunden ist. In der reinen Liebe gibt es kein „Wenn …, dann …". Diese Gedankenketten zum Thema Liebe müssen durchbrochen werden, um die essenzielle Qualität der Liebe und die anderen essenziellen Qualitäten zu einer stabilen Erfahrung zu machen. (Siehe mein Buch: *The Way of the Human*, Band III)

Liebe ist … – eine Übung

Beantworten Sie die folgenden Fragen für jede Definition von Liebe – entweder mündlich oder schriftlich. Machen Sie die Übung zusammmen mit Ihrem Partner oder potenziellen Partner.

1. Was ist Liebe?
2. Wenn ich meine Definition von Liebe genauer betrachte, auf welchen Grundannahmen beruht sie?
3. Welche Folgen bringen diese Grundannahmen mit sich?
4. Gehe ich auch heute noch von diesen Annahmen aus?
5. Welche Glaubenssätze rund um diese Definition von Liebe hege ich außerdem?
6. Was sind die Konsequenzen dieser Glaubenssätze?
7. Glaube ich heute noch daran?
8. Welche Entscheidungen habe ich getroffen?
9. Welche Folgen hatten diese Entscheidungen?
10. Treffe ich diese Entscheidungen immer noch?
    Beispiele sind:
    Liebe heißt Gebrauchtwerden.
    Liebe bedeutet Sicherheit.
    Liebe bedeutet Gefangensein.
    Liebe heißt der einzige Mensch im Leben des anderen zu sein.

Fazit

In jeder Beziehung ist es wichtig herauszufinden, auf welchen Ebenen man zusammenpasst, ehrlich, ohne sich selbst bzw. den Partner mit Urteilen, Wertvorstellungen, Einschätzungen, Tadel, Scham, Etiketten und Diagnosen zu überhäufen und – ohne in den Veränderungsmechanismus zu verfallen. Danach müssen wir feststellen, an welcher Stelle im Spektrum der verschiedenen Möglichkeiten in puncto Nähe und Partnerschaft wir stehen.

Übung zum Fazit

1. Ohne auf Gedanken, Gefühle, Erinnerungen, Assoziationen oder Wahrnehmungen zurückzugreifen: Gibt es Liebe oder keine Liebe oder keins von beiden?
2. Ohne Gedanken, Gefühle, Erinnerungen, Assoziationen oder Wahrnehmungen: Sind Sie liebenswert oder nicht liebenswert oder keins von beiden?
3. Ohne Gedanken, Gefühle, Erinnerungen, Assoziationen oder Wahrnehmungen: Was ist Liebe?

12

Die spirituelle Ebene

Die Quantenpsychologie definiert Spiritualität als Bewusstsein der allem zu Grunde liegenden Einheit, die uns miteinander verbindet. In Beziehungen allerdings geht es weniger um die allem zu Grunde liegende Einheit, sondern um die Tatsache, dass jede Verbindung auch eine spirituelle Ebene hat. Um das Verständnis, dass es etwas gibt, das größer ist als das Individuum. Das bedeutet nicht, dass Sie mit der zu Grunde liegenden Einheit ständig in Kontakt sein müssen. Damit ist vielmehr gemeint, dass Sie einfach anerkennen, dass etwas Größeres als wir selbst uns alle miteinander verbindet. Ob Sie dieses Bewusstsein nun Gott oder übergeordnete Intelligenz nennen, ist nicht wichtig. Von entscheidender Bedeutung allerdings ist es, dass Sie dieses Bewusstsein mit Ihrem Partner teilen. Denn Paare, die einen spirituellen Weg gemeinsam beschreiten, können ihre Beziehung damit vertiefen. *(Vorsicht! Häufig führt dies zum Verwechseln oder Vertauschen der Ebenen, vor allem zum Sublimieren und Verdrängen der biologisch-sexuellen Ebene mittels der spirituellen.)* Das muss nicht heißen, dass die Partner denselben Weg gehen und dass sie dieselben Methoden bzw. Techniken anwenden müssen oder gar demselben Guru folgen. Es gibt viele spirituelle Pfade, doch der entscheidende Punkt ist, ob wir unser Verständnis für Spiritualität entwickeln und Zeit dafür opfern, uns auf die zu Grunde liegende Einheit zu konzentrieren.

Wie ich bereits sagte, ist es nicht von Bedeutung, ob der eine Partner meditiert und der andere lieber betet. Oder ob der eine seine verschiedenen Identitäten auseinander nimmt, während der andere sich auf die Anbetung der Göttin verlegt. Wichtig ist einzig, ob Sie beide die Tatsache anerkennen, dass es eine zu Grunde liegende Einheit gibt – ganz egal, mit welchen Methoden man sich ihr zu nähern versucht. Ich kannte zum Beispiel ein Paar, in dem die Frau buddhistischen Lehren folgte, während der Mann ein Sufi-Anhänger war. Sie werden es nicht glauben: Die beiden hatten tatsächlich Probleme damit. Leider identifizieren sich in Beziehungen die Menschen immer wieder mit den Techniken, die sie einsetzen. Sie begreifen nicht, dass es letztlich darum geht, mit der zu Grunde liegenden Einheit in Kontakt zu kommen, die uns alle verbindet. Es geht schließlich nicht um irgendwelche Praktiken, die uns voneinander trennen, sodass der eine falsch und der andere richtig liegt.

Partnerschaften können zu einer wertvollen Erfahrung werden, wenn beide Partner einsehen, dass es etwas gibt, das über Persönlichkeiten, Beziehung, sinnliche Empfindungen, psychische, äußere und biochemische Faktoren hinausgeht. Ist man sich dessen bewusst, werden die benutzten Techniken unwichtig. Stattdessen tritt das Bewusstsein in den Vordergrund, dass es irgendwo eine zu Grunde liegende Einheit gibt, die uns alle verbindet, „etwas", das ebenso Teil unserer Beziehung werden kann.

Sind wir uns der zu Grunde liegenden Einheit bewusst, erkennen wir, dass jeder Partner mit dem „anderen" auf eine Weise verbunden ist, die über sein persönliches Selbst hinausreicht.

Wenn die sexuelle (oder eine andere) Dimension durch die spirituelle ersetzt wird

In Indien, doch nicht nur dort, lernte ich viele Paare kennen, die eine tiefe spirituelle Einheit erlebten. Sie führten dasselbe spirituelle Leben, sie teilten dieselbe religiöse Haltung, sie schätzten sogar dieselben Meditationstechniken und Rituale. Aber sie hatten keinerlei sexuellen Kontakt. Was sie zusammenhielt, war letztlich nur der Glaube, dass eine starke spirituelle Bindung in der Partnerschaft schließlich alles ins Lot bringen würde. Und doch: Ich habe niemals eine funktionierende Beziehung gesehen, die nur auf dem spirituellen Zusammenklang basierte. Dieses Verdrängen einer Ebene durch eine andere existiert nicht nur in Indien, sondern auch im Westen.

Beispielsweise habe ich eine Frau aus New Orleans kennen gelernt, die immer dann, wenn es in ihrer Familie finanzielle Probleme gab (Außenwelt), weil ihr Ehemann nicht arbeitete und für die Familie sorgte, ihn und seinen geringen Beitrag zum Unterhalt der Familie in Schutz nahm, indem sie sich selbst von ihrem wirklichen Erleben abtrennte (dissoziierte) und ihre Beziehung spiritualisierte. Damit versuchte sie, die Dimension der Außenwelt durch jene der Spiritualität zu ersetzen. Dabei fielen Sätze wie: „Er behandelt mich wie eine Göttin." Oder: „Er weiß wirklich, wie man mit Frauen umgeht."

Auf diese Weise aber missbrauchte sie die Spiritualität und ihre eigene spirituelle Dimension, um mit Problemen in der Außenwelt fertig zu werden. Weshalb tat sie so etwas? Es schien, als würde sie in eine Altersregression abgleiten, in der sie die Verschmelzung mit ihm suchte. Dieser regredierte Zustand, der sie in die Zeit vor dem Trennungsschock zurückführte, wurde von ihr nun spirituell überhöht, sodass sein Verhalten plötzlich als „gute Behandlung" galt. Dies war ein schwacher Versuch, ihre äußeren Probleme zu bewältigen. Leider bietet sich die Ebene des Spirituellen für solche Manöver (das Verdrängen nahezu jeder anderen Dimension) geradezu an.

Fragen zur spirituellen Dimension

(Lassen Sie auch Ihren Partner oder *potenziellen* Partner diese Fragen beantworten und besprechen Sie Ihre Ergebnisse.)
1. Wie wichtig ist Spiritualität für Sie?
2. Pflegen Sie eine Form ritualisierter Spiritualität, bei der Sie beispielsweise an einem bestimmten Tag in die Kirche gehen?
3. Pflegen Sie lieber eine spontane Form der Spiritualität?
4. Wenn Sie sich frei nehmen, nutzen Sie Ihre freie Zeit auch für die Pflege Ihrer Spiritualität?

5. Dient Spiritualität in Ihrer Partnerschaft dazu, mangelndes oder fehlendes Sexualleben auszugleichen?
6. Dient Spiritualität Ihnen in der Partnerschaft dazu, mit Ihren Gedanken fertig zu werden?
7. Dient Spiritualität Ihnen in der Partnerschaft dazu, mit Ihren Gefühlen fertig zu werden?
8. Dient Spiritualität Ihnen in der Partnerschaft dazu, mit einer problematischen Außenwelt fertig zu werden?

Fazit

Die spirituelle Dimension wird im Allgemeinen am wenigsten beachtet. Bezieht man hingegen diese Dimension ins Leben ein, so kann sie dazu beitragen, dass die anderen Ebenen sich besser entfalten, ausdrücken und ihre Einzigartigkeit verdeutlichen können. Aber wir sollten Spiritualität nicht mit einem Glaubensbekenntnis verwechseln. Es ist völlig egal, ob wir Katholiken, Juden, Muslime, Sufis, Protestanten, Hindus, Taoisten oder Buddhisten sind. Spiritualität ist die Verbindung zu der allem zu Grunde liegenden Einheit, ganz egal, wie wir diese nennen. Normalerweise geht es dabei eher um den Pfad (die Methode) als um die Erfahrung der Einheit selbst. Deshalb sollten Sie gerade in der Beziehung beachten, dass letztlich „alle Wege nach Rom" führen. Wichtig ist, dass wir, ohne einer Verdrängung zum Opfer zu fallen, die spirituelle Ebene als Weg sehen lernen, auf dem wir unsere Beziehungen vertiefen können.

Je weniger Dimensionen wir nutzen,
je geringer die Anzahl der Ebenen ist, deren wir uns bewusst sind,
desto geringer ist die Wahrscheinlichkeit,
dass wir in der Beziehung einander wirklich begegnen.

Stephen H. Wolinsky

Unsere Beziehungen funktionieren nicht,
weil wir uns gegen die Erkenntnis des Getrenntseins von der Mutter
wehren. Wir opfern uns unbewusst selbst auf
in unserer Hoffnung auf Wiederverschmelzung.
Wir bleiben der Vergangenheit verhaftet
und leugnen wichtige Aspekte unserer selbst.
Und auch der Partner ist uns nicht als Mensch
in der Gegenwart präsent.

Stephen H. Wolinsky

Bei der Untersuchung der verschiedenen Ebenen der Manifestation
(und der Beziehung) stoßen wir letztlich auf die Frage,
warum wir Ebenen miteinander vertauschen.
Die Antwort ist klar:
Wir vermischen oder vertauschen die Ebenen
auf Grund unseres Trennungs-Verschmelzungs-Reaktionsmusters.
Wir ersetzen eine Ebene durch eine andere,
weil ursprünglich nur diese letztere verfügbar war.
Ein Beispiel:
Das Kind eines Ingenieurs, das emotionale Unterstützung sucht
und stattdessen intellektuelle Herausforderung erfährt.
Oder das Kind eines Sportlers,
das sich intellektuelle Anregungen wünscht,
stattdessen aber nur körperliches Training bekommt.
In diesem Fall tun Kinder zwei Dinge.
Zuerst erwarten sie die Wiederverschmelzung,
um damit dem Schmerz des Getrenntseins abzuhelfen.
Dann versuchen sie, die Wiederverschmelzung
auf einer bestimmten Ebene herbeizuführen.
Wenn eine Dimension ihnen verschlossen bleibt,
ersetzen sie sie durch eine andere –
immer in der Erwartung
und mit dem Ziel der Wiederverschmelzung.

Stephen H. Wolinsky

13

Substitution: Das Verführerische der Wiederverschmelzung

Ich tue alles (oder gebe alles auf), nur um nicht allein zu sein

Die Erwartungen und Fantasien eines Kindes richten sich auf die Wiederverschmelzung mit der Mutter. Sie sind gekoppelt mit seiner Unfähigkeit diesen Zustand aus eigener Kraft herzustellen. Aus diesem Grund versucht das Kind eine Ebene durch die andere zu ersetzen (Substitution). Mit anderen Worten: Es versucht den Verlust auf der einen Ebene mit Hilfe einer anderen zu kompensieren. Ein Beispiel: Wenn eine Verschmelzung auf der äußeren Ebene nicht möglich ist, dann könnte das Kind als Erwachsener eine psychologisch-spirituell gefärbte Philosophie entwickeln, die ihm Verschmelzung garantieren soll und gleichzeitig den Substitutionsvorgang rechtfertigt. Substitution lässt sich am besten erklären als Ersetzen einer Ebene durch eine andere in Erwartung der Verschmelzung. Dieses Ersetzen, mit dem wir uns gegen den Erkenntnisschmerz des Getrenntseins wehren, erfolgt, weil einige Ebenen verfügbar sind, andere nicht.

Wie passt dies nun in unsere Sicht von Beziehungen? Wenn es in einer Beziehung (in der Gegenwart) keine Möglichkeit gibt, die Verschmelzung auf einer bestimmten Ebene (zum Beispiel der sexuellen) zu vollziehen, wird dieser Mangel durch Betonung einer anderen Ebene ausgeglichen. Ist diese Erwartungshaltung auch noch mit gewissen Änderungswünschen verknüpft, dann hört sich das so an: *Wenn du anders wärst oder dich verändern würdest, dann könnte ich mit*

dir verschmelzen und würde mich nicht getrennt und alleine fühlen.
Besonders häufig geschieht dies, wenn der Zusammenklang auf der
biologischen Ebene nicht gegeben ist. Ein Paar, das auf dieser Ebene
wenig Kontakt hat, sucht nicht selten auf anderen Ebenen einen Ausgleich dafür.

Der biologische „Leim"

Mit „biologisch" meine ich hier die biologische Grundlage der Partnerschaft. Der Wunsch nach einer Beziehung entsteht auf der biologischen Ebene und ist als Reproduktionswunsch zur Sicherung des
Überlebens der Art in unserem Nervensystem verankert. Doch wie ich
bereits gesagt habe, wird die biologische Ebene öfter ignoriert als
andere Ebenen. Und warum? Weil unsere Sozialisation (der Prozess
der Anpassung an die Gesellschaft) uns dazu zwingt, von Kindesbei-
nen an unsere biologischen Funktionen zu verleugnen.

Wir essen nicht dann, wenn wir hungrig sind, sondern zu ganz
bestimmten Zeiten. Wir stehen nicht auf, wenn wir ausreichend aus-
geruht sind, sondern wenn wir zur Schule müssen. Und so weiter und
so fort. Um nicht zu spüren, wie wir uns fühlen (emotional-biologi-
sche Ebene), arbeiten wir oft lange Stunden im Büro (Außenwelt).
Heimlich, still und leise wird im späteren Leben der Wunsch nach
Verschmelzung mit der Mutter durch den Wunsch nach Anerkennung und Leistung ersetzt. Das bedeutet, dass die Leugnung biologischer und anderer Bedürfnisse gleichzeitig ein Verschmelzungsver-
sprechen in sich zu bergen scheint. Diese Überwindung des Körpers
ist eine klassisch-religiöse Botschaft. Die Religion verspricht uns das
Verschmelzen mit der Mutter (Gott), wenn wir uns von den fleischlichen Gelüsten lossagen.

Außenwelt statt Biologie

Viele Paare versuchen, mehr Nähe in ihrer Beziehung herzustellen, indem sie die Ebene des Biologischen durch die der Außenwelt ersetzen. Ein Beispiel soll uns dies erläutern: Jane und Brad sind beide Musiker. Anfangs stellten sie den Draht zueinander über die Ebene der Musik her. Die aufregende Spannung zwischen ihnen entstand gerade aus der Tatsache, dass beide miteinander komponierten und Konzerte gaben. Das gemeinsame Spiel beschrieben die beiden als freudvolle und zutiefst intime Erfahrung. In der Folge bauten Jane und Brad die romantische Seite ihrer Beziehung aus, obwohl sie sich eingestanden, dass sie in sexueller Hinsicht einander nicht richtig nahe kamen. Gemeinsam entschieden sie, dass die Verbindung über der Musik ihnen genüge. Doch mit der Zeit begann Jane einen Mangel an Intimität zu spüren und merkte, dass sie gerne mehr Nähe gehabt hätte. Obwohl beide versuchten, diese Ebene der Beziehung auszubauen, klappte das nie so richtig, sodass beide am Ende sehr frustriert waren.

Jane und Brad waren mit der Situation unzufrieden, bis die Therapie ihnen Gelegenheit bot anzuerkennen, dass sie eher als Freunde und musikalische Partner zueinander passten denn als Mann und Frau. Inzwischen sind Jane und Brad glücklich verheiratet. Aber nicht miteinander. Sie treten immer noch zusammen auf und komponieren gemeinsam.

Wenn die biologische Ebene ersetzt wird

Viele Paare gleichen den Mangel an biologischer Leidenschaft durch andere Dinge aus: finanzielle oder berufliche Ziele, Kindererziehung, soziales oder kommunales Engagement oder irgendeine Form von gemeinsamer Produktivität. An der Oberfläche sehen all diese Vorgänge ganz respektabel aus und sie haben ihre Rechtfertigungsstrategien dafür. Wenn man jedoch die Außenwelt dazu benutzt, einen Mangel auf der biologischen Ebene auszugleichen, führt dies unweigerlich zu Problemen.

Das Leben selbst bringt manchmal Situationen mit sich, in denen äußere Ereignisse uns davon abhalten, biologische Intimität zu genießen. Zeiten, in denen wir uns um Kinder oder Eltern kümmern müssen, in denen der Beruf viel von uns verlangt oder finanzielle Probleme auftauchen, Zeiten der Krankheit – all dies kann die körperliche Beziehung zeitweise auf Eis legen. Doch letztlich hängt in dieser Situation viel davon ab, wie stark der Zusammenklang auf der biologischen Ebene vorher war. Wenn die Chemie früher stimmte und die Beziehung frei von nicht ausgedrückten Ressentiments ist, dann ist es möglich, die biologische Ebene wieder zu beleben. Am besten geschieht dies durch viel Berührung, Nähe und Zeit, die man sich fürs Zusammensein reserviert. Worum es mir hier geht, ist, Ihnen ein Verständnis davon zu vermitteln, wie viele Ebenen an einer Beziehung beteiligt sind und auf welchen Ebenen Sie sich mit Ihrem Partner verstehen. Dabei ist es wichtig, sich nicht auf Ersatz- und Substitutionsvorgänge einzulassen, sondern den Schmerz des Getrenntseins von der Mutter, den Kummer des Falschen Kerns zu fühlen. Wenn Sie diesen Schmerz zulassen, können Sie anfangen herauszufinden, wo Sie mit Ihrem Partner stehen und welche Ebenen daran beteiligt sind. Dann können Sie beide das Vertauschen der Ebenen sein lassen und einander wirklich begegnen.

Wir neigen nämlich dazu, die Verschmelzung mit unserem Partner zu suchen, egal welcher Weg dazu gerade offen steht. Dabei vertauschen wir eine Dimension mit der anderen, auch wenn dies nicht immer das gewünschte Ergebnis bringt. Zum Beispiel gibt es viele Paare, die ununterbrochen miteinander streiten. Das setzt viel körperliche und emotionale Energie frei und ersetzt so den Sex. Und dann gibt es wieder Paare, die im Namen der Spiritualität eine seltsame Form des Zölibats leben und nur selten sexuelle oder körperliche Nähe suchen.

Tara und Michael kamen in meine Praxis, weil ihre Beziehung in die Krise geraten war. Als sie mir ihre Geschichte erzählten, stellte sich heraus, dass Sexualität nie Teil ihres gemeinsamen Lebens war, weil sie zu einer Art Yoga-Gemeinschaft gehörten. Sie sagten mir, dass ihre tägliche Meditationspraxis, die sie jeden Morgen und Abend zusammen ausführten, ihnen wichtiger sei. Die Krise nahm ihren Anfang, als Michael gestand, dass er zwei Jahre lang eine Affäre mit einer Frau gehabt hatte, die nicht Mitglied dieser Gemeinschaft war. Dies brachte alles zu einer Art Höhepunkt. (Doppeldeutigkeit nicht beabsichtigt.) Michael und Tara hatten auf den Ebenen der äußeren Welt und der *Essenz* eine sehr starke Beziehung. Auf Grund ihrer „spirituellen" Ausrichtung hatten sie versucht, ihre biologischen Bedürfnisse mit spirituellen Handlungen zu überdecken. Wie ich aber bereits ausgeführt habe, kann man Probleme der einen Ebene nicht mit Strategien einer anderen Ebene lösen. Dieses Manöver kompliziert die Dinge nur, weil die Probleme heimlich weiterexistieren. Einfach gesagt: *Das Problem muss auf derjenigen Ebene angegangen werden, auf der es entsteht.*

Wenn Sie die biologische Ebene
mit psychologischen oder spirituellen Mitteln zu überspielen suchen,
wird sie dadurch unterdrückt.
Wenn die biologische Energie unterdrückt wird,
sucht sie sich ihren Weg auf einer anderen Ebene.
Da dies nicht die richtige Ebene für den Ausdruck dieser Energie ist
(weil sie eine Dimension durch eine andere ersetzen),
nimmt eine Ebene überhand und überdeckt die andere.
(Beispiel: Wenn übermäßige Leistung bei Workaholics
den Mangel an körperlicher Nähe übertönen soll.)
Die biologische Energie kann sich auch gegen uns selbst wenden
und auf der physischen Ebene Krankheiten,
auf der psychischen Depressionen verursachen.

Stephen H. Wolinsky

Als ich in Indien lebte, war die Unterdrückung aller sexuellen Impulse in den „spirituellen" Gemeinschaften enorm. Die Menschen zwangen sich zu einem zölibatären Leben und lenkten ihre biologischen Bedürfnisse in den Bereich Spiritualität um. Dadurch kam es ständig zu emotionalen Ausbrüchen, Machtkämpfen und ironischerweise sogar zu einem Überhandnehmen des Denkens, obwohl Meditation uns eigentlich darüber hinausführen sollte. All diese Dinge fanden im Namen der Spiritualität statt, während sie in Wirklichkeit auf ein fehlgeleitetes Verständnis der biologischen Ebene des Menschseins zurückgehen.

Ein weiteres Beispiel: Hugh und Diana kamen in die Praxis und erzählten, dass sie sich eigentlich sofort tief miteinander verbunden gefühlt hätten, als sie sich zum ersten Mal bei Freunden kennen gelernt hatten. Diana hatte gerade eine fünfzehnjährige Ehe innerhalb der mormonischen Kirche hinter sich und hatte fünf Kinder. Als sie sich vor zwei Jahren hatte scheiden lassen, war sie exkommuniziert worden. Sie hatte viel zu kämpfen, um den Kontakt zu ihren Kindern aufrechterhalten zu können. Auch mit ihrem Ex-Mann gab es ständig Ärger. Ihre Kinder waren wütend auf sie, weil sie sich aus der Ehe gelöst und die Kirche verlassen hatte. Sie sagten, dass sie mit ihr nichts mehr zu tun haben wollten, wenn sie sich mit einem neuen Partner einlassen würde. All dies schuf natürlich eine Menge Spannungen, als Diana und Hugh versuchten, eine neue Beziehung aufzubauen. Schließlich wurde der Konflikt für Diana so groß, dass sie sich entschied, sich von Hugh zu trennen, bis sie einen einfacheren Weg gefunden haben würde, wie sie ihr eigenes Leben führen und trotzdem ihre Kinder sehen könne.

Dieser letzte Fall ist ein Beispiel dafür, wie ein Paar sich zwar auf der Ebene der *Essenz* und sogar auf der Ebene der Außenwelt gut verstehen kann, und trotzdem erlauben irgendwelche Umstände, an denen sie schuldlos sind, nicht, dass die Beziehung zu Stande kommt.

Viele Paare kämpfen verzweifelt darum, ihrer Beziehung einen sinnvollen Rahmen zu schaffen, weil sie sich auf der Herzensebene so gut verstehen, obwohl die Differenzen im Lebensstil eine runde, stimmige Beziehung, die sich auch auf andere Ebenen erstreckt, unmöglich machen. Solche Differenzen umfassen Dinge wie zu weit entfernte Wohnorte, eine bestimmte Art zu leben, Kinder, Religion etc. Es ist durchaus möglich, dass äußere Bedingungen die Partnerschaft nicht unterstützen, obwohl der Zusammenklang auf der essenziellen Ebene des Herzens stark ist.

Wenn wir die einzelnen Ebenen der Beziehung durchgehen, kann es auch sein, dass eine davon wirklich zum „Klebstoff" der Beziehung wird, weil das Paar immer auf diese Ebene ausweicht, wenn es auf einer anderen einen Mangel feststellt.

Sharon und George beispielsweise waren beide Professoren an der Universität. Sie umgaben sich mit zahlreichen intellektuellen Bekannten und waren stolz darauf, dass sie ihre Beziehung mit intellektuellen bzw. politischen Diskussionen und Projekten lebendig hielten. Sie gaben sich in ihren Gesprächen wirklich Mühe. Ihre Kommunikation war reich und sehr komplex. So fühlten sie sich vom jeweils anderen wirklich verstanden. Doch ihrer Beziehung fehlte es an Emotionalität. Wann immer Sharon ihrem Mann gegenüber tiefere Gefühle ausdrückte, gab es Probleme. George brach die Unterhaltung ab mit dem Hinweis auf die mangelnde Rationalität dessen, was sie sagte. Mit der Zeit löste sich Sharon immer mehr von ihren Gefühlen, da sie keine Möglichkeit fand, sie in der Beziehung auszuleben. Um die Ehe zu erhalten, war sie gezwungen, ihre eigenen Bedürfnisse nach emotionaler Nähe aufzugeben und die Partnerschaft mit George auf einer rein intellektuellen Ebene zu halten.

Fazit

Unsere Beziehung daraufhin zu untersuchen, ob wir etwa *eine* Ebene zu Ungunsten einer anderen überbetonen, kann sich lohnen. Mitunter konzentrieren wir uns auch deshalb stark auf eine Dimension, um den Schmerz der Trennung von der Mutter nicht zu spüren oder einen Mangel auf einer anderen Ebene auszugleichen. Wenn dies der Fall ist, sollten Sie sich fragen, welche Wirkung dieser Vorgang auf sie selbst und auf ihre Partnerschaft hat.

14

Selbstbetrug:
Ich muss Trennung vermeiden

Wie kommt es dazu, dass wir uns selbst belügen? Zunächst einmal bauen wir Widerstand gegen den Trennungsschmerz auf. Und was führt dann zur Erwartung der Wiederverschmelzung? Unser Selbstbetrug. Der ganze Prozess ist ein Teufelskreis:

Trennung $\Rightarrow$ Erwartung der Wiederverschmelzung
$\Rightarrow$ Selbstbetrug $\Rightarrow$ noch mehr Erwartungen $\Rightarrow$ Veränderungsmechanismus $\Rightarrow$ Frustration $\Rightarrow$ Vertauschen der Ebenen (Substitution) $\Rightarrow$ mehr Frustration $\Rightarrow$ mehr Selbstbetrug $\Rightarrow$ Trennung und so weiter.

Wie oft haben wir uns schon verliebt und später festgestellt, dass dieser Mensch Eigenschaften, Verhaltensweisen oder Wünsche hatte, die wir vorher nicht an ihm wahrgenommen hatten? Wir sind entsetzt, fühlen uns vielleicht sogar betrogen. „Wie konnte das nur kommen?", fragen wir uns. „Wie konnte mir das nur entgehen?" Es ist wie in dem alten Klischee, nach dem Liebe blind macht, vor allem im Frühstadium der Beziehung, in dem wir den anderen in einem möglichst vorteilhaften Licht sehen wollen, da die emotionale und körperliche Anziehungskraft stark ist. Wir möchten so sehr, dass es zu einem „wir" kommt, dass wir uns selbst belügen, wenn auch meist unbewusst. Ist das geschehen, so haben wir bestimmte Signale übersehen oder sie einfach ausgeblendet. Wir haben ihnen den Eintritt in unser Bewusstsein verweigert.

Eine Klientin kam zu mir in die Therapie, als sie feststellte, dass ihr neuer Freund sein ausschweifendes Partyleben keineswegs sein lassen wollte. Sie hatte sich vorgestellt, dass er es bleiben lassen würde, sobald er eine feste Beziehung hätte. Nach fünf Monaten, in denen sie sich regelmäßig gesehen hatten, musste sie sich eingestehen, dass er immer noch sehr viel in Bars herumhing, und dieser Schlag traf sie hart. Schließlich gingen ihr die Entschuldigungen aus, mit denen sie ihn vor ihrem kritischen Ich in Schutz nahm, und sie musste sich mit der bitteren Wahrheit auseinander setzen. Hier waren erst einmal folgende Fragen zu stellen: „Welche Lügen haben Sie sich selbst über Ihren Freund erzählt?" Und: „Welche Lügen haben Sie sich erzählt, um übersehen zu können, wie er wirklich ist?" Schließlich stellte sich heraus, dass sie unterschwellig Angst vor dem Alleinsein, dem Getrenntsein von der Mutter hatte.

Wenn es wahr ist, was manche Menschen behaupten, nämlich dass wir alles, was wir über einen Menschen wissen müssen, innerhalb der ersten Zeit der Partnerschaft erfahren, dann bleibt nur die Frage: Warum sehen wir es dann nicht? Weil wir nicht allein sein wollen. Unsere Angst davor ist so mächtig, dass wir zuerst uns selbst *belügen* und dann *nicht wahrhaben wollen*, dass es so ist.

Lewis und Cynthia lernten sich in einer Singlebar kennen. Lewis war bei dieser Gelegenheit leicht betrunken; er war Barkeeper. Cynthia war Grundstücksmaklerin. Sie beschlossen, sich am darauf folgenden Freitag um 19 Uhr zum Abendessen zu treffen. Cynthia kam pünktlich, Lewis hingegen tauchte erst eine Stunde später auf und hatte ganz eindeutig etwas getrunken. Cynthia belog sich selbst mit folgenden Worten: „Er ist nicht wirklich so. Später wird alles anders." Nach zwei Jahren kam Cynthia zu mir und beklagte sich: „Er trinkt andauernd und kommt ununterbrochen zu spät. Es macht mich wirklich wütend, dass er so ist. Aber egal, wie oft wir auch darüber reden, er ändert sich nie." Auch sie konfrontierte ich mit der Frage: „Welche *Lügen* haben Sie sich selbst über Lewis erzählt?" Zunächst reagierte sie wütend, doch am Ende gestand sie sich all ihre Lügen über seine Trinkerei und sein ewiges Zuspätkommen (schon bei der ersten Verabredung) ein.

Fazit

Selbstbetrug und Substitution

Sich selbst zu belügen scheint erst einmal Glück zu versprechen, doch am Ende entstehen daraus nur noch mehr Probleme. Wichtig ist, dass Sie sich klar machen, dass Sie diese Lügen nicht erfunden haben, weil Sie schlecht und verlogen sind. Wir belügen uns selbst, weil unsere Angst vor dem Alleinsein und unser Widerstand gegen die Wunde der narzisstischen Kränkung so mächtig sind. Manchmal kann unser Nervensystem diesen ursprünglichen Schmerz eben nur auf diese Weise überwinden und so unser Überleben sichern. Wir müssen einsehen, dass dieser Überlebensmechanismus in unserem Nervensystem fest verankert ist. Wir führen ihn ja nicht bewusst aus. Unser Nervensystem will, dass uns der Schock der Erkenntnis des Getrenntseins nie wieder widerfährt.

Aus diesem Grund entstehen die Sehnsucht nach Wiederverschmelzung, der dazu nötige Selbstbetrug und die Substitutionsvorgänge. Wenn wir aber erkannt haben, wie wir uns selbst belügen, dann sehen wir auch, dass diese Lügen uns nicht vor dem Trennungsschmerz schützen, sondern die dumpfe Qual nur durch Depressionen und Kompensationsstrategien (die uns ebenfalls helfen sollen, dem Schmerz zu entgehen) verlängern. Wenn wir die wahre Natur unseres Selbstbetrugs erkannt haben, tappen wir nicht in die Falle des Veränderungsmechanismus, der uns dazu verführt, die Schuld für unseren Kummer der mangelnden Veränderungswilligkeit des Partners zuzuschreiben. Wir hören auf die Ebenen zu vertauschen und übernehmen die Verantwortung für die Lügen, die wir uns selbst erzählt und die uns die Beziehungsprobleme erst eingebrockt haben, die wir augenblicklich erleben. Wenn wir erst einmal diesen Grad an persönlicher Verantwortlichkeit erreicht haben, fällt es uns leichter tolerant zu sein.

Sobald Sie Ihren Partner als Menschen in der Gegenwart erleben,
nehmen Ihre Erwartungen ab
und die essenzielle Qualität der Toleranz wird stärker.
Diese Toleranz stellt sich nicht auf der psychischen Ebene ein.
Sie hat vielmehr mit unserem Wesenskern, unserer Essenz zu tun.
Diese Qualität entsteht,
wenn beide Partner wechselseitig ihr Menschsein anerkennen.
Sobald dies vollkommen verwirklicht ist,
lieben wir, weil wir den anderen ganz annehmen.

Stephen H. Wolinsky

15

Beziehungstrancen: Was uns scheinbar vor der Trennung behütet

Trancen, Trancen und noch mehr Trancen

In meinem ersten Buch *Die alltägliche Trance* habe ich Trance auf zwei verschiedene Weisen definiert. Zum einen handelt es sich dabei um eine Verengung des Blickwinkels, zum anderen kommt es zur Trance durch eine Serie von Interaktionen, die darauf abzielen, das Bewusstsein zu verändern.

Zur ersten Definition: Menschen verengen ihren Blickwinkel und verdrängen daraus einen großen Teil der Außenwelt, von der sie also nur einen Ausschnitt wahrnehmen. Dieses Verhalten entspringt dem Wunsch nach Wiederverschmelzung und dem Widerstand gegen den Trennungsschock.

Zur zweiten Definition: Die Serie von Interaktionen (die in Beziehungen zwischen den Partnern stattfindet) hat das Ziel uns davon zu überzeugen, dass das, was ist, nicht stimmt, und so den Schmerz des Getrenntseins zu vermeiden. Wie diese beiden Verfahren in einer Trance Hand in Hand arbeiten, möchte ich Ihnen am Beispiel einer funktionierenden Realitätsverleugnung zeigen. Dabei finden zwischen den beiden Partnern verschiedene Interaktionen statt, die das Ziel haben, die Wiederverschmelzung herbeizuführen und Widerstand gegen das Getrenntsein zu leisten. Ein Mann, der weder Geld noch Arbeit hat, verursacht eine Trance bei seiner Partnerin, die besagt, dass Geld und Erfolg ihm sicher seien. Die Partnerin engt in der Hoffnung auf Verschmelzung ihren Blickwinkel ein, sie unterdrückt bestimmte

Wahrnehmungen (Selbstbetrug), siebt sie gründlich aus, sodass sie ihm glauben kann, auch wenn die Wirklichkeit eine andere Sprache spricht und er ganz offensichtlich weder Geld noch Arbeit hat und deshalb ständig schlecht gelaunt ist. *Zu diesem Tanz gehören immer zwei, die sich im gleichen Rhythmus wiegen.*

Um diese Beziehungstrance aufzulösen, müssen der Widerstand gegen das Getrenntsein von der Mutter und der daraus entstehende Wiederverschmelzungswunsch erkannt und bearbeitet werden. Teil dieser Arbeit ist es, den Selbstbetrug und die Vertauschung der Ebenen aufzuarbeiten.

Im Folgenden finden Sie einige Beispiel bekannter Beziehungstrancen.

„In Wirklichkeit ist er ganz anders!"

Dies ist einer der beliebtesten Puffer gegen den Schmerz des Getrenntseins. Die Trance beginnt wie alle Beziehungstrancen: Ich fühle das Getrenntsein. Das bereitet mir Schmerz. Um diesem Schmerz zu entgehen, gehe ich in die *Trance der Differenz.* Ich mache mir vor, dass die Dinge eigentlich ganz anders liegen, dass der Partner ganz anders ist, als er sich jetzt präsentiert. Was steht hinter der Trance der Differenz? Der Wunsch, das Getrenntsein zu überwinden und in der Verschmelzung aufzugehen. In dieser Weise benutzen wir die Trance, um uns gegen den Schmerz zu schützen.

„Sie hat es ja nicht so gemeint!"

In der *Trance der Addition* ordnen wir dem, was unser Partner sagt oder tut, eine Bedeutung zu (Wir addieren sie bzw. fügen sie hinzu.), damit es besser in unsere Fantasien und unser Wunschdenken passt. Mitunter schaffen wir uns einen richtigen Film im Kopf, der sich darum dreht, wie dieser Mensch eigentlich ist. Dieser Film braucht mit der Realität keinerlei Berührungspunkte aufzuweisen. Wir aber verhalten uns nach den Vorgaben in unserem Film. Dadurch kommt es später zu Desillusionierungserlebnissen. (Ich sehe die Desillusionierung nicht als negativ, da sie das Ende der Illusion anzeigt und uns den Blick auf die Realität wieder frei macht.) Leider übernehmen wir nur selten die Verantwortung für unsere Illusionen. Wenn unser Partner plötzlich nicht mehr in unseren Film passt oder unseren impliziten Verschmelzungswünschen nicht gerecht wird, ist es natürlich leichter, ihm die Schuld zu geben und sich auch noch schrecklich verletzt zu fühlen.

„Wir gehen da durch!"

Auch dies ist eine beliebte Beziehungstrance, die natürlich ebenso nur den Status quo verlängert. Ich habe eine mehr als dreijährige Ausbildung in Familientherapie hinter mir und als ich damit fertig war, pflegte ich zu scherzen, dass ich diesen Spruch einmal auf meine Visitenkarten drucken würde, so oft hatte ich ihn gehört. Wir arbeiten alles auf: Warum ist dies so? Warum ist jenes anders? Doch dahinter versteckt sich normalerweise nur der Anspruch: Ich fühle mich allein, weil du nicht mit mir verschmelzen willst. Natürlich finden sich später dafür andere Worte. Man sagt nicht: „Du willst nicht mit mir eins sein." Sondern man sagt etwa: „Du missachtest meine Bedürfnisse." Oder: „Ich möchte mit jemandem zusammen sein, der auf meine Bedürfnisse eingeht."

Wenn diese Verschmelzung (das heißt, das Erfüllen der Bedürfnisse) nicht stattfindet, wandeln sich manche Menschen unbewusst zu dem, was der Partner will. Sie geben sich in der Hoffnung auf vollkommene Verschmelzung selbst auf. Um den Schmerz des Getrenntseins zu überwinden geben wir alles auf, was uns wichtig ist. Wir lehnen uns zurück und leben unsere Verschmelzungsfantasie aus, was aber letztlich zu unterdrückter Wut ob der eigenen Entbehrungen führt. Wir tun so, als würden wir Dinge nicht mehr mögen, die wir gern haben. Wir geben unserer Meinung keinen Ausdruck mehr, weil sie der des Partners widerspricht. Wir leugnen unsere Bedürfnisse, bis wir gar nicht mehr spüren, dass wir solche haben. All dies tun wir, um den Schmerz des Getrenntseins zu vermeiden und in unserer Verschmelzungsfantasie zu bleiben.

„Wo du hingehst, da will auch ich hingehen!"

Einige meiner Klienten haben diese *Trance der übermäßigen Anpassung* entwickelt. Dabei regrediert der eine erwachsene Partner altersmäßig und versucht, wie ein Kind, die Gedanken des Partners zu lesen um herauszufinden, was dieser wünscht. Dann bemüht er sich, diesen Wünschen gerecht zu werden (mit dem anderen zu verschmelzen), indem er den Wünschen des Partners zuvorkommt mit dem, was er für die richtige Antwort auf ein eventuelles Bedürfnis hält. All dies, um sich nicht getrennt zu fühlen.

Ein anderer Therapeut hat mir die Geschichte von einer Klientin erzählt, die eine riskante Klettertour mit einem älteren Mann unternahm, in den sie sich verliebt hatte. Sie gab sich als sportliche Kletterin, die Extremtouren liebte. Damit belog sie sich selbst und ihn gleichermaßen. Der Grund für diese Lüge war, dass sie sich vorstellte, er würde niemals mit ihr zusammen sein wollen, wenn sie nicht dieselben Vorlieben hegte wie er. Später wurde ihr klar, dass sie in diesem Bereich wirklich nicht zusammenpassten. Vielleicht stellte sie sich vor, er würde sie als Partnerin nicht akzeptieren, wenn sie nicht ebenso abenteuerliche Dingen mochte. In der Psychologensprache nennt man diese Selbstaufgabe in der Hoffnung auf Verschmelzung „Ko-Abhängigkeit".

Liebe macht blind

Bestimmte Charakteristika oder Verhaltensweisen, die sich am Anfang einer Beziehung zeigen, rufen später vielleicht nicht mehr dieselbe Reaktion beim Partner hervor. Diese Trance verschleiert unsere eigenen Reaktionen, damit wir den Dämon nicht erkennen, der da schon sein Haupt zu erheben droht. Später steht er dann vor uns. Ein klassisches Beispiel für diesen Fall wäre es, dass viele Menschen einfach nicht wahrhaben wollen, dass der Mensch, mit dem sie ausgehen, kein Geld hat. Anfangs belügen sie sich über diese Tatsache noch selbst, aber früher oder später nehmen sie ihrem Partner dies übel.

„Aber sonst ist sie wirklich nett!"

Einer meiner Klienten kam in die Therapie, weil er – nach seinen Worten – seine Partnerin wirklich liebe, aber fand, dass sie ihre Kinder schlecht behandle. Er meinte, sie sei ihnen gegenüber viel zu dominant und wolle sie dauernd kontrollieren. Andererseits verteidigte er sie, wo es nur ging, weil er sich über seine Gefühle ihr gegenüber nicht klar werden konnte. Er ging, um das Gefühl des Getrenntseins zu vermeiden, in die *Trance der Aufsplitterung*. Er sagte sich selbst, dass er ja nur mit dem einen Teil von ihr eine Beziehung habe und dass der Teil, der die Kinder schlecht behandele, ihn nichts angehe. Er dachte, wenn er alle familiären Unternehmungen miede, würde schon alles gut gehen. Ich habe auch viele Menschen gesehen, die so taten, als nähmen sie die destruktive Art und Weise, in der ihr Partner seinen Ärger auslebte, nicht wahr. Sie spielten das herunter, was sich später als schlimmster Teil ihrer Beziehung herausstellte. Und dies alles, um dem Gefühl des Getrenntseins auszuweichen.

„Es könnte doch viel schlimmer sein!"

Diese Trance sieht etwa so aus: „Ich kann einfach nicht gehen, schließlich könnte alles noch viel schlimmer kommen." Ich hatte eine Klientin, die nach zwanzig Jahren Ehe sagte: „Die letzten fünfzehn Jahre waren schrecklich. Unsere sexuellen Kontakte waren eine reine Pflichtübung." Ich fragte sie, weshalb sie denn in dieser Ehe bleibe. Sie antwortete: „Nun, wenn ich jemand anderen finde, dann wiederhole ich ja doch nur das gleiche Muster. Die meisten Menschen in meiner Bekanntschaft, die sich aus ihren Beziehungen gelöst und neue Partner gefunden haben, haben einen *schlechten Tausch* gemacht." So rechtfertigte sie ihren Widerstand gegen den Schmerz des Getrenntseins und machte ihren Kummer zu einer normalen Erfahrung. „So ist das nun einmal in Beziehungen." Genau das ist die „Es könnte alles noch schlimmer sein"-Trance.

In dieser Trance werden sich die Menschen nicht bewusst, dass sie in Wirklichkeit einer Altersregression aufsitzen und die Muster ihrer Eltern nachspielen. Die Rechtfertigung des Kummers dient der Vermeidung des Schmerzes. Meist kommt in solchen Szenarien auch der Veränderungsmechanismus zum Tragen: „Wenn er sich nur ändern würde, ... wäre alles wunderbar." Dadurch richtet man die Aufmerksamkeit ganz auf den Partner, ohne sich der eigenen Altersregression und des Trennungsthemas bewusst werden zu müssen.

„Ach, sicher wird sie noch anders werden."

Häufig gehen wir Beziehungen ein in der Annahme, dass der Partner sich ändern wird, dass unsere Liebe ihn heilen und das Beste in ihm zum Vorschein bringen wird. Diese *Trance des Anderswerdens* ist in dem kindlichen Glauben verwurzelt, dass der Schmerz des Getrenntseins verschwinden würde, wenn „Mama" sich ändern würde. Diese Vorstellung dehnen wir dann auf den Partner aus. Häufig ist sie mit der *Liebestrance* verbunden, nämlich der Vorstellung, dass unsre Liebe den anderen schon verändern wird. Diese Idee beruht auf dem Glauben, dass die Mutter oder der Partner sich durch unsere Liebe ändern wird, sodass wir endlich mit ihr bzw. ihm verschmelzen können. Auch hinter dieser Form der Selbsttäuschung verbirgt sich die Weigerung, das Getrenntsein zu akzeptieren. Wenn wir uns weigern, uns mit dem Trennungsschmerz auseinander zu setzen, halten wir uns selbst die Tür in die Trancen auf. In diesem Moment sehen wir den Partner nicht mehr als den Menschen, der er eigentlich ist. Wir bilden uns ein, dass wir wie mit magischer Hand alles verändern können, nur weil wir das wollen oder weil wir lieben.

„Aber er ist doch so begabt!"

Die *Trance des Potenzials* ist eine andere Möglichkeit, an der Wirklichkeit vorbeizuschauen. Wir verlieben uns in das Potenzial des Partners. Wir sehen eine potenziell liebevolle Persönlichkeit, einen potenziellen Sieger, einen Menschen, der potenziell emotional gesund ist, und so weiter und so weiter. So steht der Partner vor uns wie ein Rohdiamant, dem unsere Liebe nur noch den letzten Schliff verpassen muss. An einem bestimmten Punkt glauben wir an das Potenzial mehr als an die gegenwärtige Wirklichkeit dieser Person.

Leider verharren viele Menschen in unbefriedigenden Partnerschaften, weil sie immer darauf warten, dass sich das Potenzial ihres Partners endlich bemerkbar macht. Sie täuschen sich selbst und leugnen sowohl die reale Situation als auch den tatsächlichen Charakter ihres Partners. Dann geschieht das, was Robin Norwood im Titel seines ersten Buches so schön formuliert: „Wenn Frauen zu sehr lieben". Der englische Untertitel lautet sinngemäß: „Wenn du es dir nur beharrlich wünschst und darauf hoffst, werden sie sich ändern."

Sie können diese Trance durchbrechen, indem Sie sich fragen: „Bin ich glücklich mit meinem Partner, so wie er jetzt ist? Nicht wie er irgendwann in der Zukunft sein soll, also wenn er mehr verdient, weniger wiegt, sich mehr Bildung angeeignet oder zu trinken aufgehört hat." Wie heißt es in der Welt der Computer: *What You See Is What You Get* – „Was Sie vor sich sehen, werden Sie auch bekommen." Stellen Sie sich vor, er oder sie ändert sich nicht. Nie. Wollen Sie dann immer noch mit dieser Person zusammenbleiben?

Wenn meine Klienten mir immer erzählen, sie würden das Potenzial im anderen sehen, fühle ich mich an den mythischen Bildhauer Pygmalion erinnert. Er schuf sich ein Bild, in das er sich dann verliebte, wie Narziss, der seinem eigenen Spiegelbild verfiel. Wir sehen unser Bild vom Partner, nicht den Menschen selbst. Vielleicht denken wir ja, dass die Macht der Liebe oder der Partnerschaft ihn oder sie entsprechend ändern werde. Vielleicht stellen wir uns vor, dass das Verhalten, das uns entnervt, weil es uns unser Getrenntsein vor Augen führt, mit der Zeit verschwinden wird, da Liebe ja alles vermag – zumindest glauben wir fest daran.

Eine Frau, mit der ich arbeitete, verliebte sich in einen Mann, der absolut keinen persönlichen Ehrgeiz hatte. Sie erzählte, dass seine Erfolglosigkeit sie wütend mache. Also pumpte sie ihn mit Selbstvertrauen voll, bis er so weit an sich glaubte, dass er an die Universität ging und seinen Magistergrad nachholte. Aber nach der Ausbildung entschied er, dass er dem Ganzen nicht gewachsen sei, und kehrte zu seinen Gelegenheitsjobs zurück. In ihrer Potenzialtrance hatte die Frau ein Potenzial gesehen, das gar nicht da war. Warum? Weil sie damit ihren eigenen Ängsten in Bezug auf das Getrenntsein aus dem Weg gehen konnte. Sie belog sich selbst und glaubte ihren eigenen Träumereien, die besagten, dass dieser Mann erfolgreich sein würde. Er verschmolz mit ihr und sie lebten ihre wechselseitige Trance eine Zeit lang gemeinsam aus. Er glaubte in dieser Zeit selbst, dass er erfolgreich sein würde. Und sie glaubte an sein Potenzial. Diese wechselseitige symbiotische Verschmelzungstrance sorgte bei beiden für Kummer. Bei ihm, weil es einfach nicht seine Art zu leben war, Geld und Erfolg zu haben. Er konnte die Verschmelzung nicht aufrechterhalten und wurde sehr wütend darüber, bevor er sich ganz zurückzog. Sie war unglücklich, weil seine Unfähigkeit, die Trance aufrechtzuerhalten, sie schließlich mit der Erkenntnis des Getrenntseins zurückließ und mit der Frage, wie sie nach der Trennung finanziell zurechtkommen würde.

„Sie macht einen besseren Menschen aus mir!"

Man hört häufig Dinge wie: „Er (oder sie) macht mich zu einem besseren Menschen." Wobei das Bessersein sich auf Geld, Status oder auf die Illusion beziehen kann, der Partner könne einem helfen die Dinge zu ändern, die man an sich selbst nicht mag. Doch diese Wünsche setzen die Partnerschaft viel zu sehr unter Druck. Am Ende wird der andere noch für den Erfolg bzw. das Scheitern dieser *Runderneuerungstrance* verantwortlich gemacht.

„Heute so, morgen so!"

Bei dieser Trance, die einmal Nähe, dann wieder Distanz sucht, haben wir es mit einem kindlichen Charakter zu tun, der seine Mutter hasst, weil sie nicht mit ihm verschmelzen will. Ich kannte einen Mann, der einen ausgesprochen unsteten Lebenswandel hatte. Er trank, nahm Drogen und hatte ein finanzielles Desaster nach dem anderen zu verantworten. Gleichzeitig kümmerte er sich als Alleinerziehender um seinen vier Jahre alten Sohn. Er hatte eine Beziehung zu einer Frau, die finanziell recht gut gestellt war und einen eher konservativen Lebensstil pflegte. Zuerst sah er sie als diejenige, die ihn schließlich zähmen würde. Doch schließlich ertappte er sich immer wieder dabei, wie er auf ihr herumhackte und Streit vom Zaun brach. Tief in seinem Inneren nahm er ihr die Rolle, die er ihr zugeordnet hatte, nämlich übel und versuchte, sie auf sein Niveau herabzuziehen, weil er unbewusst jede Hoffnung aufgegeben hatte, sich jemals zu ihr aufschwingen zu können.

Wir belügen uns nämlich nicht nur in Hinblick auf unseren Partner, sondern maskieren auch gerne unsere eigene Rolle in der Beziehung zu diesem Menschen. Eine lange Beziehung einzugehen, die auf Illusionen, Selbsttäuschung, Fantasien und Trancen beruht, die alle nur das Ziel haben, uns vom Schmerz des Getrenntseins zu schützen, hat letztlich aber wenig Sinn, weil diese Beziehung von vornherein zum Scheitern verurteilt ist.

„Worte, Worte, nichts als Worte ..."

Auch dies ist eine beliebte Form der Selbsttäuschung: Wir glauben nur dem, was der Partner *sagt*, und achten kein bisschen darauf, ob es zu dem passt, was er *tut*. Diese *Ausblendungstrance*, bei der wir einen Teil des Lebens einfach ausblenden, kann sich so auswirken: Eine Frau, die meine Klientin war, glaubte ihrem Freund, als er sagte, er wolle mit ihr eine wirklich tiefe, langfristige Bindung eingehen, obwohl er mit seinen 45 Jahren noch nie länger als ein Jahr mit ein und derselben Frau zusammen gewesen war. Sie sagte sich, dass er jetzt ja sie gefunden habe, seine wahre Liebe, und dass nun alles anders sein werde. Mit dieser Selbsttäuschung musste sie sich später auf schmerzhafte Weise auseinander setzen.

Die Midlife-Crisis: Wenn die Trancen nicht mehr funktionieren

Die Mitte des Lebens ist eine Zeit, in der man sein Dasein neu bewertet. Wenn der Schmerz des Getrenntseins immer noch da ist, findet man es vielleicht an der Zeit den Partner zu wechseln. Diese Zeit ist oft mit der schmerzhaften Erkenntnis verbunden, dass unser Körper älter wird. Eine Erkenntnis, gegen die wir uns wehren, weil unsere Gesellschaft Jugend über alles schätzt. Einen jüngeren, attraktiveren Lebenspartner zu suchen als weiteren Versuch, den Falschen Kern zu heilen, das ist in diesem Alter eine weit verbreitete Strategie. Außerdem bringt dieser offensichtliche Versuch sich die Jugend noch ein wenig länger zu erhalten auch noch eine Menge Bewunderung von außen ein. Das bedeutet aber gleichzeitig, dass das Image, der Status, den dieser Partner bringt, mehr zählt als der Mensch, mit dem man es zu tun hat.

Sara, eine vierzigjährige Klientin, hatte immer die Vorstellung, dass ein Mann von hohem sozialem Rang ihren Schmerz wegen des Getrenntseins lindern würde. Aus diesem Grund stellte sie sich schon als junges Mädchen vor, die Frau eines reichen Arztes zu werden. Der Status und die Sicherheit, die dieser Beruf mit sich bringt, waren für sie genauso attraktiv wie das Gefühl, dass sich jemand um sie kümmerte. So heiratete sie schließlich ihren Arzt. Als dieser Mann allerdings mit 40 beschloss seinen Beruf an den Nagel zu hängen und als Schriftsteller zu leben, schlitterte Sara, was ihre Gefühle ihrem Ehemann gegenüber anging, in eine Krise. Plötzlich musste sie sich eingestehen, wie wichtig ihr das Bild gewesen war, das ihr Mann der Welt präsentierte und das mit dem Menschen hinter dem Rollenmodell nicht übereinstimmte.

In den meisten Partnerschaften treten mit der Zeit genügend persönliche Veränderungen ein, welche uns Gelegenheit geben, uns mit den Bildern auseinander zu setzen, die uns möglicherweise dazu bewegen, gerade mit diesem Menschen zusammen zu sein. Wenn wir mit Dingen wie unserem alternden Körper, einem Berufswechsel, der

Kindererziehung und unerwarteten Krisen konfrontiert sind, brechen unsere Bilderwelten zusammen und wir entdecken, was sich dahinter verbirgt. Anders gesagt: *Wir halten unsere Bilder für die optimale Medizin gegen den Schmerz des Getrenntseins. In Wirklichkeit aber verhindern diese Bilder, die sich auf alle Lebensbereiche – Beruf, Persönlichkeit, Partnerschaft – beziehen können, dass wir uns dem Trennungsschmerz stellen. So erliegen wir der Illusion der Verschmelzung.* Daher kämpfen Menschen meist so hart um die Aufrechterhaltung ihrer Bilderwelten. Sie glauben, dass ihnen die Verschmelzung sicher ist, wenn sie diesen Bildern gerecht werden, dass sie aber unweigerlich den Schmerz und den Schock der Trennung fühlen werden, wenn die Bilder verschwinden.

Wie Sie Beziehungstrancen auflösen

Muster, die sich über lange Zeit eingeschliffen haben, sind nicht leicht zu ändern. Das bedeutet aber nicht, dass wir über sie hinwegsehen müssen. Ganz im Gegenteil: Wir sollten sie als potenzielle Gefahrensignale sehen, die uns anzeigen, dass hier noch Arbeit auf uns wartet. Dies ist vor allem der Fall, wenn es um Probleme mit langer Vorgeschichte geht wie:

- Sucht
- Probleme mit Sicheinlassen, mit Verbindlichkeit
- Kontrolle und Eifersucht
- Impulsivität (etwa Wutanfälle)
- finanzielle oder berufliche Instabilität bzw. Unverantwortlichkeit

Im Folgenden finden Sie eine Reihe von Fragen, die Ihnen helfen können, Ihren Selbsttäuschungen in Bezug auf Sie selbst und Ihren Partner auf die Spur zu kommen.

Fragebogen zum Auflösen der Beziehungstrancen

(Schreiben Sie Ihre Antworten auf oder teilen Sie sie Ihrem Partner mit, und zwar so lange, bis Ihnen zu der jeweiligen Frage nichts mehr einfällt. Lassen Sie auch Ihren Partner oder *potenziellen* Partner diese Fragen beantworten und besprechen Sie Ihre Ergebnisse.)

In Hinblick auf meinen Partner:

1. Was will ich nicht sehen?
2. Was erzähle ich mir selbst, um die unter 1 genannte(n) Tatsache(n) nicht wahrnehmen zu müssen?
3. Welche Entschuldigungen finde ich für ihn?
4. Was will ich von meinem Partner nicht wissen?
5. Warum will ich diese Tatsache nicht wissen?
6. Wie bewahre ich mich selbst vor diesem Wissen?
7. Was will ich nicht hören?
8. Warum will ich diese Tatsache nicht hören?
9. Wie bewahre ich mich selbst davor, diese Tatsache zu hören?
10. Was will ich im Hinblick auf meinen Partner nicht fühlen?
11. Warum möchte ich das nicht fühlen?
12. Wie bewahre ich mich selbst vor diesem Gefühl?
13. Welchen Verhaltensweisen meines Partners setze ich bewusst oder unbewusst Widerstand entgegen?
14. Welche Entschuldigungen finde ich für die Verhaltensweisen meines Partners?

Die Trance des „Sich-etwas-Vormachens"

15. Was mache ich mir in Bezug auf meinen Partner vor? Was ist angeblich wichtig?
16. Was ist angeblich nicht wichtig?
17. Was ist mein Partner in meinen Augen?
18. Wie ist mein Partner in meinen Augen nicht?
19. Was fühlt mein Partner nach meiner Vorstellung?
20. Was bilde ich mir ein, das mein Partner sich wünscht?

21. Was denkt mein Partner nach meiner Vorstellung?
22. Was gebe ich vor zu sein (im Hinblick auf meinen Partner)?
23. Was gebe ich vor *nicht* zu sein?
24. Was gebe ich vor zu fühlen (im Hinblick auf meinen Partner)?
25. Was gebe ich vor nicht zu fühlen?
26. Was gebe ich vor zu glauben (im Hinblick auf meinen Partner)?
27. Was glaube ich angeblich nicht?
28. Was gebe ich vor mir zu wünschen?
29. Was gebe ich vor mir nicht zu wünschen?
30. Was gebe ich vor zu hören?
31. Was höre ich angeblich nicht?
32. Was gebe ich vor zu sehen?
33. Was sehe ich angeblich nicht?

In Hinblick auf mich selbst in der Beziehung zu meinem Partner:

34. Mag ich mich so, wie ich bin, wenn ich mit meinem Partner zusammen bin?
35. Gibt es einen Teil meines Selbst, den ich meinem Partner nicht zeigen will? Weshalb?
36. Gibt es etwas an mir, das ich in der Beziehung zu meinem Partner nicht leben will?
37. Gibt es etwas in Bezug auf mich selbst, das ich nicht wissen will?
38. Gibt es etwas an mir, das ich nicht fühlen will?
39. Gibt es etwas mich Betreffendes, um das ich nicht bitten will?
40. Gibt es etwas in Bezug auf mich selbst, das ich in der Beziehung zu meinem Partner nicht haben will?
41. Gibt es etwas an mir, das ich nicht sehen will?
42. Gibt es etwas mich Betreffendes, das ich nicht hören will?

Fazit

Mein Lehrer in Indien, Nisargadatta Maharaj, pflegte zu sagen: „Wenn du etwas loslassen willst, musst du zuerst wissen, was es ist."
So gesehen ist das Problem recht einfach zu lösen:
1. Sie stellen fest, mit welchen Trancen Sie leben.
2. Sie erkennen den Wunsch nach Verschmelzung und die Vermeidung des Trennungsgefühls als wahre Dynamik dahinter.
3. Sie sind bereit, alles, was hochkommt, auch wirklich zu erfahren.
Schließlich wissen wir ja alle, dass wir direkt und offen sein müssen, wenn wir echte Nähe wollen – warum also nicht gleich damit anfangen?

16

Probleme

Mit wem bin ich wirklich zusammen?

Nachdem wir die zahlreichen Selbsttäuschungen, die auf den Schmerz des Getrenntseins und den damit zusammenhängenden Wunsch nach Wiederverschmelzung zurückgehen, gründlich untersucht haben, können wir besser erkennen, wer unser Partner als individueller Mensch eigentlich ist und an welchem Punkt unsere Beziehung steht. Häufig verlieben wir uns nämlich in ein Bild, das wir im Kopf haben, und nicht in die Persönlichkeit, die unser Partner tatsächlich ist. Dieses Bild kann sich beispielsweise auf das Äußere beziehen. Vielleicht haben wir uns immer gewünscht mit einem ausgesprochen schönen Menschen zusammen zu sein. Wir haben Fantasien entwickelt, wie uns diese Tatsache in den Augen der anderen erscheinen lässt: begehrenswerter, wertvoller, einflussreicher, schätzenswerter, liebenswerter etc.

Symbiose aus Falschem Kern und Falschem Selbst

Natürlich hat die Partnerwahl etwas mit dem Komplex aus Falschem Kern und Falschem Selbst zu tun. Das Falsche Selbst versucht nämlich häufig den Falschen Kern zu überwinden, indem es einen entsprechenden Partner wählt. Anders gesagt: Wenn Sie einen Partner wählen, dessen Falsches Selbst (komplementär) zu ihrem Falschen Kern passt, verschmelzen Sie vollständig mit ihm. Dieses Verschmelzen begründet eine *symbiotische* Beziehung, in der die Bedürfnisse des einen Menschen so eng mit denen des anderen verbunden sind, dass man kaum noch klar sagen kann, welcher Impuls von welcher Persönlichkeit ausgeht. Dies ist ein weiteres Beispiel für den heute so populären Begriff der Ko-Abhängigkeit, bei der Ihr „Ich" und das „Ich" des Partners so eng miteinander verflochten sind, dass Sie glauben mehr Selbstwert zu gewinnen, wenn Ihr Partner etwas Bemerkenswertes tut. Das funktioniert natürlich auch umgekehrt. Wenn ich jemanden auswähle, der einen negativen Einfluss auf mich ausübt, dann kann ich diesen negativen Einfluss dazu benutzen, mein eigenes Gefühl der Wertlosigkeit zu bestärken.

Louise war eine Klientin, die Männern nicht traute. Sie hatte bisher immer Männer ausgewählt, die ihr Vertrauen missbraucht und mit anderen Frauen geschlafen hatten. Schließlich lernte sie einen Mann kennen, der ehrlich zu ihr war. Doch mit der Zeit verlor sie ihre sexuellen Gefühle ihm gegenüber, obwohl sie einander gleichzeitig immer näher kamen. Bald fühlte sie sich sexuell überhaupt nicht mehr angezogen und setzte diesem Aspekt der Partnerschaft folglich ein Ende. Nach einigen Jahren fand ihr Partner eine Geliebte. Als Louise dies entdeckte, sagte sie: „Sehen Sie! Man kann Männern einfach nicht trauen!"

Terri war schon seit vielen Jahren mit Carl zusammen. Sie kam aus einer reichen Familie, fühlte sich aber innerlich immer wertlos. Um diesen Mangel an Selbstwertgefühl auszugleichen, heiratete sie Carl, einen berühmten Musiker. Auf einer oberflächlichen Ebene schien alles gut zu gehen, doch tief im Inneren hatte Terri immer noch das Gefühl wertlos zu sein, sodass sie den Eindruck hatte, ihre Bedürfnisse würden in der Beziehung nicht befriedigt. Statt einzusehen, dass sie den Reichtum und Status ihres Partners dazu benutzt hatte, ihr eigenes Gefühl der Wertlosigkeit zu kompensieren, versuchte sie weiterhin ihn zu einer Änderung seines Verhaltens zu bringen, damit sie sich nicht wertlos fühlte. Zur gleichen Zeit blies sie sein Selbstbewusstsein weiter auf, als es von selbst zu gedeihen vermochte, nur damit sie selbst ebenfalls selbstsicherer sein konnte. Auf diese Art funktioniert die Symbiose von Falschem Kern des einen und Falschem Selbst des anderen.

Falscher Kern und Falsches Selbst
in Beziehungen – einfach erklärt

Wo wir auch hinsehen, signalisieren uns Medien, Produkte und Menschen vor allem eines: Wenn wir nur genug Geld verdienen, den vollkommenen Körper, den richtigen Partner haben, werden wir für immer Glück, Vergnügen und Spaß haben und niemals traurig sein. Aus diesem Grund sind wir ständig auf der Suche, sei es nun nach einem Menschen, einer Erfahrung, einer Position, ja vielleicht sogar nach Erleuchtung – wir streben ständig nach irgendetwas, weil wir tief in uns das Gefühl haben, dass uns etwas ganz Entscheidendes fehlt.

Dieses Gefühl des Mangels ist wie eine nagende Leere, ein schwarzes Loch, das wir mit einem Etikett bekleben wie: „Mit mir stimmt etwas nicht." Oder: „Ich bin wertlos." Viele Menschen erzählen, dass sie dieses Gefühl in der Magengrube spüren, im Becken oder in der Brust. Das Gefühl ist so unangenehm, dass die meisten von uns komplexe Strategien ausgearbeitet haben, um es unter allen Umständen zu vermeiden. Und tatsächlich ist unsere Kultur auch reich an Zerstreuungen, die diesen Mangel überdecken, verstecken, verdrängen, maskieren oder kompensieren sollen. Mit anderen Worten: Wir füllen die Leere in uns, indem wir zu viel arbeiten, zu viel essen, zu viel trinken, zu viel einkaufen, zu viel fernsehen, uns zu viel um unser Aussehen oder das Aussehen der anderen kümmern oder das allergrößte … (Lücke beliebig füllen!) besitzen – und was dergleichen mehr ist. Wenn Sie Ihr eigenes Leben genauer betrachten, finden Sie vermutlich recht schnell die Methoden, mit denen Sie selbst dieses unerwünschte Gefühl in den Untergrund abdrängen.

All diese Taktiken haben eines gemeinsam: Sie sind Versuche des Falschen Selbst, das unwillkommene Mangelgefühl des Falschen Kerns zu überwinden. Leider ist dies unmöglich! Wie Sie wissen, ist der Falsche Kern die eine Schlussfolgerung über uns selbst, die wir gezogen haben, um uns den Schmerz des Getrenntseins irgendwie zu erklären. Um diese falsche Schlussfolgerung herum baut sich unsere gesamte Persönlichkeit auf. Und das Falsche Selbst versucht den Falschen Kern zu kompensieren.

Das Ganze funktioniert so: Der Falsche Kern ist ein intensives Körpergefühl, ein starkes Signal unseres Nervensystems. Das Gehirn reagiert auf die Erkenntnis des Getrenntseins von der Mutter, indem es einen warnenden Impuls durchgibt: „Achtung, Gefahrenzone! Unter allen Umständen meiden!" Daraufhin ordnen wir diesem Warnsignal unbewusst eine Bedeutung zu, eine falsche Idee wie: „Ich bin wertlos, schlecht oder alleine." Diese Schlussfolgerungen sind die Basis des Falschen Kerns und somit die Grundlage für unsere Persönlichkeit. Unser ganzes späteres Leben können wir damit zubringen, diesem Irrglauben Widerstand entgegenzusetzen – wir können ihn neu erschaffen, ihn immer wieder neu in Szene setzen und ihn regelmäßig verstärken. Dadurch wird er zur Antriebskraft hinter der Maschinerie unserer Persönlichkeit. Jedes Mal wenn das entsprechende Körpergefühl aufkommt, kommt automatisch auch der Falsche Kern zum Vorschein.

Falscher Kern und Falsches Selbst – kurze Wiederholung

Die Quantenpsychologie geht davon aus, dass der Falsche Kern in den ersten Lebensmonaten entsteht, normalerweise zwischen dem fünften und dem fünfzehnten Monat. Wir haben beim Falschen Kern einen starken genetischen Zusammenhang festgestellt, eine Vererbungslinie sozusagen. Nicht selten haben Kinder denselben Falschen Kern wie ihre Eltern. Vor dem Entstehen des Falschen Kerns befand sich der Fötus (das Baby) in einem Zustand ursprünglicher Unschuld, den wir als die *Essenz* oder das *Ich bin* bezeichnen. Mit der allmählichen Bewusstwerdung entdeckt das Kind, dass es von der Mutter getrennt ist, was ein Schocktrauma auslöst. Dabei wird die Leere der *Essenz* (und des *Ich bin*) mit dem Schmerz des Traumas in Verbindung gebracht. Und nun setzt das ein, was ich oben beschrieben habe: „Achtung, Gefahrenzone! Du bist von der Mutter getrennt, weil mit dir etwas nicht stimmt oder weil du unvollkommen bzw. unfähig bist."

– 158 –

Das Nervensystem ist als Überlebensmechanismus angelegt. Daher versucht es das Chaos zu ordnen. Mit der Zeit schaffen wir uns Strategien, die beweisen sollen, dass der Falsche Kern nicht richtig ist. Dies sind die Kompensationstaktiken des Falschen Selbst, die dem ausgeblendeten Falschen Kern abhelfen sollen.

Wenn wir dies im Hinterkopf behalten, wird es uns leicht fallen die Fallstricke von Falschem Kern und Falschem Selbst innerhalb der Beziehung zu erkennen. Denn Falscher Kern und Falsches Selbst, Trennungstrauma und Widerstand gegen das Getrenntsein, Vertauschen der Ebenen und Erwartung der Wiederverschmelzung schaffen ein Klima, in dem ein echtes Einander-Begegnen schwer fällt.

17

Übertragung und Gegenübertragung in der Partnerschaft

Der Widerstand gegen das Getrenntsein

Die Worte *Übertragung* und *Gegenübertragung* bezeichnen psychische Prozesse, bei denen der Klient auf den Therapeuten (oder umgekehrt) Gefühle überträgt, die eigentlich mit Beziehungen aus der Vergangenheit, üblicherweise aus der Kindheit, zu tun haben.

In der Analyse von Partnerschaften hingegen benutzen wir den Begriff der Übertragung, wenn ein Partner in eine Vergangenheitstrance abgleitet und auf den anderen Partner so reagiert, als wäre dieser entweder das kleine Kind oder der Elternteil, die in der damaligen Situation aktiv waren. Wie kommt es nun zur Übertragung? Der Erwachsene, der altersmäßig zum Kind regrediert, sucht nach Verschmelzung. Um der Angst des Getrenntseins zu entgehen, projiziert (überträgt) er die Rolle der Mutter oder des Vaters auf den Partner. Die Altersregression ist hierfür unabdingbare Voraussetzung. Wenn in der Beziehung ein Partner in eine Altersregression abgleitet, dann macht er aus dem Partner den Urheber für Trennung bzw. Verschmelzung, genauso wie er es als Kind mit den Eltern getan hat. Jahre später stellt der Erwachsene sich seinen Partner als den allwissenden Vater bzw. die Mutter vor, den Spender oder die Spenderin der trennungsüberwindenden Verschmelzung.

Übertragung in Paarbeziehungen

Das Phänomen der Übertragung kann in Partnerschaften auf verschiedene Arten ausgelebt werden. Der eine fühlt sich so, wie er sich als Kind gefühlt hat, und sieht seinen Partner unbewusst als Elternteil. Von diesem Standpunkt aus fühlt er sich dann verletzlich und bedürftig, hat Angst vor Kritik, vor dem Zurückgewiesen- bzw. Verlassenwerden. Der andere versucht, dem Partner Bestätigung, Sicherheit und das Gefühl des Umsorgtwerdens zu vermitteln. Natürlich tauchen diese Gefühle ab und an in jeder Beziehung auf, doch wenn sie sich zu einem dauerhaften, ständig vorhandenen Hintergrund entwickeln, dann ist vermutlich eine Übertragung im Spiel. Wir alle fühlen uns hin und wieder sehr jung und verletzlich, vor allem wenn wir Vertrauen zeigen und dem anderen unser Innerstes enthüllen. Der Unterschied liegt darin, ob wir uns dieses Vorgangs bewusst sind, in der Gegenwart bleiben und den Partner als auf der gleichen Stufe stehend anerkennen.

Ich habe viele Beziehungen kennen gelernt, die letztlich auf einer inhärenten Übertragung beruhen. Dabei geht es dann um die Erfüllung (oder Nichterfüllung) kindhafter Bedürfnisse: das Verlangen nach Sicherheit und Umsorgtwerden; den Wunsch, dass alle Bedürfnisse vom Partner befriedigt werden; die Sehnsucht danach, der Lebensmittelpunkt des Partners zu sein; das Verlangen nach Bestätigung – um nur einige zu nennen. In einigen Beziehungen kommt es zu heftigen Feindseligkeiten, wenn diese Bedürfnisse nicht erfüllt werden. Jede Übertragung beruht nämlich auf einer Grundüberzeugung: Du bist da, um all meine Bedürfnisse zu erfüllen, damit ich symbiotisch mit dir verschmolzen bleiben kann und nicht aus meiner Trance der Altersregression gerissen werde.

Wenn wir von unserem Partner erwarten, dass er all diese alten Bedürfnisse erfüllt, indem er zu dem Elternteil wird, den wir nie erlebt haben, oder wenn wir die Gedanken unseres Partners lesen bzw. von ihm erwarten, dass er sich genauso verhält wie unser Vater bzw. unsere Mutter, dann leben wir immer dasselbe alte Muster, indem wir in der Zeit zurückwandern und uns verhalten wie ein Kind, statt in der

Gegenwart eine verantwortliche Beziehung einzugehen. Manchmal wirken diese unbewältigten Probleme wie Magneten. Sie ziehen Menschen bzw. Situationen an, mit denen wir in zwanghafter Wiederholung immer wieder dieselben Muster ausagieren können. Wir tun das unbewusst, weil wir hoffen, dass das Falsche dadurch irgendwie richtig wird und wir endlich bekommen, was uns als Kind fehlte. „Vielleicht bringe ich Papa ja endlich dazu, dass er mich liebt. Oder: „Vielleicht denkt Mama ja endlich, dass ich doch gut genug bin."

Ursachen für Übertragung

Zur Übertragung kommt es, wenn jemand in der Vergangenheit feststeckt, sich selbst als Kind sieht und den Partner dann mit Eltern- oder mit sonstigen Autoritätsfiguren identifiziert. Sobald in der Gegenwart die Erkenntnis des Getrenntseins aufblitzt, sobald die Verschmelzungserwartungen nicht erfüllt werden, greift dieser Mechanismus: Die Betroffenen kehren zu ihren kindlichen Sehnsüchten zurück, die sie als Folge des Trennungsschocks entwickelt haben. Ist es erst einmal so weit, wird der Partner unbewusst zum Elternteil gemacht, von dem man erwartet, dass er die eigenen Bedürfnisse erfüllt und zur Verschmelzung bereit ist. Wenn diese Probleme nicht erkannt und aufgearbeitet werden, kommen sie in Paarbeziehungen unweigerlich zum Tragen. Wollen Sie feststellen, ob Sie gerade eine Übertragung ausagieren, wenn Sie enttäuscht sind, da Ihr Partner Ihnen nicht gibt, was Sie wollen, dann können Sie sich fragen: „Was bringt diese Ablehnung in mir an die Oberfläche?"

Diese Art der Selbstbefragung bringt verborgene Glaubensstrukturen zum Vorschein, die man mit dem Partner ausagiert. Wenn Sie Ihre Aufmerksamkeit nur nach außen richten, indem Sie sich fragen, was Ihr Partner falsch macht, ohne Ihre eigenen Reaktionen ebenfalls in Frage zu stellen, gehen Sie vielleicht einer Übertragung auf den Leim. Ein deutliches Zeichen für Übertragung ist es, wenn ein starkes und beständiges Bedürfnis nach Bestätigung besteht.

Fragebogen zur Übertragung

(Schreiben Sie Ihre Antworten auf oder teilen Sie sie Ihrem Partner mit, und zwar so lange, bis Ihnen zu der jeweiligen Frage nichts mehr einfällt. Lassen Sie auch Ihren Partner oder *potenziellen* Partner diese Fragen beantworten und besprechen Sie Ihre Ergebnisse.)

1. „Auf welche Weise geben Sie sich selbst auf, wenn Sie Bestätigung brauchen?"
2. „Mit welchen Strategien versuchen Sie Kritik, Verlassenwerden oder Zurückweisung von Seiten Ihres Partners zu vermeiden?"
3. „Wie fühlen Sie sich, wenn Sie Sehnsucht danach haben, umsorgt zu werden?"
4. „Erwarten Sie von Ihrem Partner, dass er weiß, was Sie brauchen bzw. wie Sie sich fühlen, ohne dass Sie dies mitteilen müssen?"
5. „Erwarten Sie, dass Ihr Partner all Ihre Bedürfnisse erfüllt?"
6. „Was fühlen Sie, wenn Sie nicht im Zentrum des Lebens Ihres Partners stehen?"
7. „Was wünschen Sie sich, worum Sie nicht zu bitten wagen?"
8. „Um meinen Partner nicht zu verärgern, tue ich …" Vervollständigen Sie den Satz.
9. „Ich unterdrücke meinen Ärger, um …" Vervollständigen Sie den Satz.
10. „Um Konflikte, Streit oder andere Konfrontationen zu vermeiden, tue ich …" Vervollständigen Sie den Satz.
11. „Wie reagieren Sie, wenn Ihr Partner auf Ihre Bedürfnisse nicht eingeht?"

Gegenübertragung

Zur Gegenübertragung kommt es, wenn wir uns unbewusst mit der Rolle des Elternteils in unserer Kindheit identifizieren und unseren Partner dann durch dessen Augen wahrnehmen. Wir behandeln unseren Partner als Kind. Häufig sorgen wir auch dafür, dass er hilflos und abhängig bleibt.

Peter und Marilyn waren mehr als zehn Jahre miteinander verheiratet. Marilyn hatte das Gefühl, Peter sei unmotiviert und faul, und war darüber sehr wütend. Sie hegte die starke *Erwartung*, dass sie beide nach der Arbeit noch zusammen an ihrem gemeinsamen Haus arbeiteten. Peter hingegen fuhr jeden Tag 60 Kilometer, um zur Arbeit zu gelangen, die überdies noch körperlich anstrengend war. Wenn er abends nach Hause kam, hatte er nur noch einen Wunsch: Er wollte es sich auf dem Sofa gemütlich machen und fernsehen. Als Peter Marilyns Wunsch nicht entsprach, wurde sie überkritisch und unduldsam zu ihm. Schließlich machte sich in ihrer Beziehung eine gewisse Feindseligkeit breit.

In der Therapie kam Marilyn dahinter, dass sie mit Peter genauso umging, wie ihr Vater es mit ihr getan hatte. Ihr Vater war sehr fordernd und kritisch gewesen. Er hatte Marilyn und ihre Geschwister häufig wegen ihrer angeblichen Faulheit gescholten. Wenn die Kinder von der Schule kamen, zwang er sie, im Haus und im Garten zu arbeiten, bis es Zeit war zu Bett zu gehen. Marilyn hatte unbewusst ihres Vaters Identität angenommen und Peter behandelt, als wäre er ihr Sohn. Daher konnte sie in der Gegenwart keine Beziehung zu ihm herstellen. Sie sah ihn nur durch die Augen ihres verinnerlichten Vaterbildes.

Signale für Übertragung oder Gegenübertragung
- Sie versuchen ständig, die Bedürfnisse des anderen zu erraten.
- Sie haben das Gefühl Ihren Partner retten zu müssen.
- Sie sind mit Ihrem Partner überkritisch oder ungeduldig.

- Sie tun alles, was in Ihrer Macht steht, um Ihren Partner vor Unge-mach zu bewahren.
- Sie analysieren Ihren Partner.
- Sie therapieren Ihren Partner.
- Sie stellen Ihrem Partner Diagnosen.
- Sie sehen Ihren Partner als ein hilfloses Opfer, das ohne Sie aufge-schmissen wäre.

Fazit

Wenn es zu Übertragungen oder Gegenübertragungen kommt, verlie-ren wir die Fähigkeit uns, unseren Partner und die Beziehung in ihrer jeweiligen Gegenwart zu erfahren. Beide Mechanismen offenbaren sich immer wieder als Wurzel irrationaler Erwartungen, was dann zu Ungleichheit in den Machtverhältnissen, versteckten Anforderungen und der daraus entstehenden Verwirrung führt. Wollen wir unserem Partner aber wirklich begegnen, müssen wir uns von diesen Mecha-nismen trennen.

18

Falscher Kern und Falsches Selbst in der Partnerschaft

Welche Rolle spielt der Komplex aus Falschem Kern und Falschem Selbst in der Partnerschaft? Da diese unheilige Allianz die Antriebskraft hinter unserer Persönlichkeit ist, beeinflusst sie sicherlich unsere Bedürfnisse, Wünsche und Glaubensstrukturen. Und sie hat ihre Auswirkungen auf unsere Partnerwahl. Wie ich bereits vorher dargestellt habe, kann sie die gesamte Dynamik der Beziehung bestimmen. Unter Umständen fühlen wir uns nämlich von einer Person angezogen, die den Falschen Kern entweder verstärkt oder bei uns zumindest den Anschein erweckt, als würde sie uns helfen, der falschen Schlussfolgerung im Kern unserer Persönlichkeit Herr zu werden.

Die Tabelle auf Seite 168 zeigt die wichtigsten Kombinationen von Falschem Kern und Falschem Selbst.

Die wichtigsten Kombinationen von Falschem Kern und Falschem Selbst

Falscher Kern (Antriebskraft)	Falsches Selbst (Kompensationsstrategie)
1. Mit mir stimmt etwas nicht. (Ich bin unvollkommen.)	Ich muss vollkommen sein.
2. Ich bin wertlos.	Ich muss beweisen, dass ich nicht wertlos bin.
3. Ich bin unfähig etwas zu tun.	Ich muss enorme Leistungen bringen.
4. Ich bin unzulänglich, ein Versager.	Ich muss meine Fähigkeiten unter Beweis stellen.
5. Ich bin nicht da. Ich existiere nicht.	Ich muss meine Existenz und Bedeutung beweisen.
6. Ich bin allein.	Ich muss Kontakte haben.
7. Ich bin unvollständig.	Ich muss Erfahrungen sammeln, um mich ganz zu fühlen.
8. Ich bin machtlos.	Ich muss beweisen, dass ich Macht habe.
9. Ich bin ohne Liebe.	Ich muss liebenswert sein.
10. Ich bin verrückt.	Ich muss gesund und normal werden.
11. Es gibt keine Unterstützung, keine Sicherheit.	Ich muss Sicherheit und Unterstützung schaffen. (Damit ich mich selbst sicher und unterstützt fühle.)
12. Ich bin außer Kontrolle.	Ich muss mich oder andere kontrollieren, um mich unter Kontrolle zu fühlen.

Freud ging davon aus, dass unser Nervensystem unsere Erfahrungen mit Hilfe früherer, ähnlich gelagerter Ereignisse interpretiert. So sorgt es dafür, dass die Gegenwart aussieht wie die Vergangenheit. Wir nennen dies ein *Erlebnismuster*. Vereinfacht gesagt löst der Falsche Kern in uns Assoziationsketten aus.

Laura war eine meiner Klientinnen. Im Alter von 42 Jahren entdeckte sie, dass alle Partner ihrer früheren Beziehungen Männer waren, von denen sie das Gefühl hatte, dass sie sie niemals wirklich wahrnahmen. Sie hatte den Eindruck, dass sie sie gar nicht richtig sahen. Tatsächlich sagte sie einmal zu mir: „Es ist, als würde ich für sie gar nicht existieren." Dieses Muster reichte weit in ihre Kindheit zurück. Ihr Vater war ein sehr selbstbezogener Mensch gewesen, der seine Kinder als Widerspiegelung seiner selbst betrachtete. Laura war als Mädchen sehr scheu und empfindsam gewesen. Auf die Selbstbezogenheit ihres Vaters antwortete sie, indem sie sich noch stärker in sich selbst zurückzog. Mit den Jahren begann Laura sich regelrecht *unsichtbar* zu fühlen, wenn sie nicht mit sehr intelligenten, einflussreichen Männern zusammen war, die eine geistige Beziehung mit ihr eingingen. Doch innerhalb dieser Beziehung blieb die Leere (der Mangel) eine ständige innere Erfahrung – wie in ihrer Kinderzeit. Laura hatte den Eindruck, dass ihre Partner sie niemals ermutigten mehr von sich zu zeigen. Hier saß Laura dem Trugschluss ihres Falschen Kerns auf, der ihr sagte, dass sie gar nicht existiere. Daher wählte sie Männer aus, die dieses Gefühl der Unsichtbarkeit in ihr noch verstärkten. Das Muster aber hatte seine Wurzel in ihrer Beziehung zum Vater.

Ein anderer Klient, Robert, nahm immer Beziehungen zu Frauen auf, die emotional und psychisch wenig gefestigt waren. Die meiste Zeit spielte er die Rolle des Retters, der die verwundeten Frauen heilte. Er selbst fühlte sich besser, wenn er anderen half. Dumm war nur, dass die Frauen, die Robert auswählte, viel zu viele Probleme hatten, sodass er die meiste Zeit in irgendeiner Krise oder einem Drama steckte, das seine Partnerinnen ausgelöst hatten. Mit der Zeit begann Robert sich ausgelaugt zu fühlen. Er war wütend und hatte den Eindruck, dass seine Bedürfnisse in der Partnerschaft nicht ausreichend befriedigt wurden.

Robert entdeckte, dass sein Falscher Kern in einem Gefühl der Wertlosigkeit bestand, das ihn zu problematischen (verrückten) Frauen hinzog. Er versuchte diesem tief sitzenden Gefühl, selbst nichts wert zu sein, zu begegnen, indem er für eine andere Person unentbehrlich wurde. Nachdem er seinen Falschen Kern abgelegt hatte, verlor Robert jedes Interesse an Beziehungen mit bedürftigen, verletzten Frauen. Er brauchte sie nicht mehr, um sich seines Selbstwertes zu versichern. Auch ihm hatte dieser Falsche Kern als Erklärungsmuster für den Schock des Getrenntseins von der Mutter gedient.

Wenn wir die Struktur unseres Falschen Kerns, unsere Antriebskraft, bloßlegen, sind wir in der Lage, unsere Beziehungen in der Gegenwart zu gestalten. Die Partnerschaft ist nicht mehr länger Teil eines falschen Musters. Und so müssen wir unseren Partner nicht mehr dazu benutzen, dieses Konzept, das doch mit unserer wahren Natur gar nichts zu tun hat, aufrechtzuerhalten oder ihm abzuhelfen.

Anwendungsbeispiele

Um die Informationen in diesem Buch nicht auf der theoretischen Ebene zu belassen, möchte ich Ihnen in der Folge noch ein paar Mitschriften zu Gesprächen aus der Paartherapie vorstellen. Sie sollen zeigen, welche Rolle der Komplex aus Falschem Kern und Falschem Selbst in der Partnerschaft spielen kann.

Erstes Beispiel aus der Paartherapie

Elizabeth und Fred waren ein Paar aus Kanada, das an einem Seminar über Quantenpsychologie teilnahm. Sie erklärten sich bereit an ihrer Beziehung zu arbeiten, um mir die Darstellung der quantenpsychologischen Methoden der Paartherapie zu ermöglichen.

Stephen: (Zu Fred) Worum geht es hier für dich?

Fred: Meine Frau redet viel zu viel über Therapie und Spiritualität. Alles, was sie erfährt, wendet sie auf mich an statt auf sich selbst.

Stephen: Wie fühlst du dich dabei?

Therapeutische Anmerkung:

Wichtig ist hier, Freds Aufmerksamkeit auf *seine* Reaktion zu lenken, statt ihn weiter über die seiner Frau nachdenken zu lassen. Häufig machen Menschen „die anderen" für ihr eigenes inneres Unwohlsein verantwortlich. Das eigentliche Thema ist aber, was das Verhalten des anderen bei uns auslöst. So hören wir auf, den anderen verändern zu wollen.

Fred: Ich fühle mich, *als würde mir etwas fehlen*, werde wütend, verliere die Kontrolle und gehe dann aus der Situation heraus.

Therapeutische Anmerkung:

Aus einem vorhergehenden Gespräch war bereits klar geworden, dass Freds Falscher Kern lautete: „Mir fehlt etwas." All die anderen Reaktionen, die er hier schildert, sind nur Versuche diesem grundlegenden Gefühl des Mangels aus dem Weg zu gehen. Solange er nicht dahinter kommen würde, dass der ganze Streit die Assoziationskette zu seinem Falschen Kern auslöste, würde er das Problem weiterhin mit seiner Frau ausagieren. Daher war der nächste Teil des Gesprächs dem Versuch gewidmet, Fred auf die Methoden hinzuführen, die er einsetzte, um dem Thema auszuweichen und es stattdessen mit seiner Frau auszuleben.

Stephen: Was von dem, was sie sagt, löst bei dir diese Reaktionskette aus?

Therapeutische Anmerkung:

Hier versuchen wir, den Auslöser von Freds Reaktionen zu identifizieren, damit er sich bewusst machen kann, wie das Muster genau aussieht.

Fred: Es ist die Kritik, jede Art von Kritik.

Stephen: Wo spürst du deine dich kritisierende Mutter im Körper? Und wo den Jungen, der das Gefühl hat immer kritisiert zu werden?

Therapeutische Anmerkung:

Hier findet ein Sprung statt. Ich gehe von der Annahme aus, dass Fred das Bild seiner ihn ewig kritisierenden Mutter verinnerlicht hat und dieses Bild unbewusst auf seine Frau projiziert. Hier wird also das erste Signal für eine Übertragung bewusst gemacht. Fred wird klar, dass er etwas in sich aufgenommen hat.

Fred: Ich spüre sie in der rechten Gesichtshälfte. Der kleine Junge sitzt in meinem Bauch. Dort spüre ich ein Gefühl von Hitze, Ärger und übersteigerter Wachsamkeit.

Stephen: Schick die kritische Mutter und den kleinen Jungen dort hinüber. (Zeigt auf die andere Seite des Raumes.) Achte auf die Energie zwischen den beiden.

Therapeutische Anmerkung:

Wenn Fred die beiden Identitäten von sich lösen kann, ist er in der Lage sich als getrennt von ihnen zu erleben. Dann kann er sie als energetische Zustände oder Trancen sehen statt sie als eigenes Ich im JETZT der Gegenwart wahrzunehmen.

Fred: Vom Jungen fließt eine starke Spannung und Aggression zur kritischen Mutter hin. Die Energie, die von der Mutter ausgehend auf den Jungen gerichtet ist, fühlt sich mehr nach Kontrolle an. Und sie versucht das Ganze so aussehen zu lassen, als wolle sie ihm helfen.

Stephen: Wo in deinem Körper spürst du jetzt den Falschen Kern?

Fred: In meiner Brust.

Stephen: Nun stell dir vor, dass zwischen deinem Falschen Kern (dem Gefühl, dass dir etwas fehle) und deinen Reaktionen eine Kette verläuft. Jede einzelne Reaktion ist ein Glied dieser Kette. Wie fühlt es sich an, wenn du diese Kette betrachtest?

Fred: Die Verbindung zwischen meinem Falschen Kern und den einzelnen Kettengliedern, welche zu diesen Reaktionen führen, ist klar erkennbar.

Stephen: Wenn der Falsche Kern von dir getrennt wäre – wie würde sich das anfühlen?

Fred: Wenn ich diese Dinge als Objekte sehe und die Verbindung wahrnehme, scheint die innere Automatik, die zu den entsprechenden Reaktionen führt, durchbrochen.

Stephen: Zieh nun einfach das Etikett ab und erlebe die gesamte Kette als Energie. Wie geht es dir dabei?

Fred: Wunderbar. Ich fühle mich viel freier!

Stephen: (Zu Elizabeth) Worum geht es hier für dich?

Elizabeth: Fred bestimmt immer, wie viel Zeit wir für etwas aufwenden, das wir tun wollen.

Stephen: Wer hat dies zum ersten Mal mit dir getan? Und wie hast du dich gefühlt, als es erstmals dazu kam?

Elizabeth: Es war meine Mutter. Und ich war beschämt, so als müsse ich um meinen Raum kämpfen. Und ich fühlte mich sehr *alleine*.

Stephen: Wo in deinem Körper sitzt diese bestimmende Mutter? Und wo das beschämte kleine Mädchen, das um seinen Raum kämpft? Schick sie dort hinüber (Zeigt auf die andere Seite des Raumes.) und achte darauf, in welcher Verbindung sie zueinander stehen.

Therapeutische Anmerkung:

Auch hier musste zuerst die wahre Quelle des Gefühls identifiziert werden, in diesem Falle die Mutter. Indem wir diese Reaktionen oder Identitäten in die Außenwelt bringen, hat Elizabeth in der Gegenwart mehr Raum.

Stephen: (Zu dem Paar) Wendet euch nun einander zu. Elizabeth, stell dir bitte neben Fred ein Bild deiner Mutter vor. Fred, du stellst dir ein Bild deiner Mutter neben Elizabeth vor. Elizabeth, du sagst nun zu jedem Mitglied unserer Gruppe: „Dies ist mein Mann. Und dies ist meine Mutter. Sie ähneln sich, weil … Und sie unterscheiden sich, weil …"

(Fred macht danach dasselbe.)

Therapeutische Anmerkung:

Jeder Partner erkennt nun, dass er mit dem anderen in Verbindung getreten ist und dabei die Brille einer vergangenen Beziehung zu einem Elternteil trug. Nachdem sie sich bewusst machen konnten, auf welche Art sie dieses Bild auf den jeweils anderen projizierten, sollen sie es nun in der Gegenwart zerstören, indem sie sich klar machen, dass ihr Partner sich von dem jeweiligen Elternteil unterscheidet.

Stephen: Nun betrachtet die Kette von Assoziationen und Reaktionen, die zu eurem Falschen Kern führt. Fred, dein Falscher Kern ist das Gefühl, dass dir etwas fehlt. Elizabeth, dein Falscher Kern ist das Gefühl allein zu sein. Beide habt ihr dieses Gefühl in dieser Sitzung bereits identifiziert.

Therapeutische Anmerkung:

An diesem Punkt erkannte Fred, dass er den Kummer seines Vaters in der Beziehung zu seiner Mutter übernommen hatte und mit seinem Vater verschmolzen war.

Stephen: Fred, schick deine Vater-Identität in diese Ecke des Raumes und sage zu ihr: „Mein Vater hält mich immer noch fest. Ich dachte, ich sei mein Vater."

Fred: Mein Vater hält mich immer noch fest. Und ich dachte, ich sei mein Vater.

Stephen: Jetzt sag: „Ich habe die Gefühle meines Vaters übernommen, um ihm zu helfen." Wo in deinem Körper sitzen die Gefühle deines Vaters? Zieh das Etikett von ihnen ab und gib sie deinem Vater zurück.

Für Fred war dieser Teil der Sitzung sehr eindrucksvoll. Sein Vater hatte versucht sich aufzuhängen und er hatte zwar überlebt, doch waren die körperlichen Schäden, die er davongetragen hatte, so stark, dass er für den Rest seines Lebens behindert war und Depressionen entwickelte. Fred musste erkennen, wie er das Leiden seines Vaters „auf sich genommen" hatte. Er hatte den Falschen Kern seines Vaters angenommen, der geglaubt hatte, dass *ihm etwas fehle*. Fred hatte sogar das Gefühl in seinem Körper ein Stück von dem Seil zu haben, mit dem sein Vater sich hatte erhängen wollen. Als er dies erkannt hatte, brach er in Tränen aus, fühlte sich aber gleichzeitig befreit.

Stephen: Jetzt sagst du zu Elizabeth: „Ich habe den Schmerz meines Vaters festgehalten, den er in der Beziehung zu meiner Mutter fühlte. Ich dachte, ich müsste für ihn mitfühlen." Und dann sagst du: „Ich dachte, ich würde mich gegen *meine* Gefühle wehren, in Wirklichkeit ging es um die Gefühle meines Vaters."

Therapeutische Anmerkung:
An diesem Punkt gab Fred seinem Vater den Schmerz und das Seil als Energie zurück. Fred empfand danach ein Gefühl von Offenheit, in dem er seinen eigenen Falschen Kern mit der entsprechenden Reaktionskette sehen konnte und seine wahre Natur, wie sie war, bevor diese Reaktionskette einsetzte.

Stephen: Haltet nun Augenkontakt zueinander und begegnet euch von Essenz zu Essenz. Spürt den Zusammenklang zwischen euch. Auf dieser Ebene gibt es nicht zwei Wesen, sondern nur eines. Achtet auf die große Leerheit, die euch beide vereint. Wie geht es euch nun?

Fred: Mir geht's sehr gut!

Elizabeth: Ich fühle mich viel freier, habe mehr Raum.

Unsere geistigen Bilder

Geistige Bilder können sich auf das Verhalten, den Stil oder die Intellektualität des Partners beziehen. Gemeinhin sind sie Abkömmlinge von Ideen und Rollenmodellen unserer Umgebung, die wir verinnerlicht haben. Das kann die Vorstellung unserer Mutter bzw. unseres Vaters über unseren gesellschaftlichen Umgang sein oder ein kollektives Rollenmodell, das wir aus den Medien aufgesogen haben. Auch unsere Umgebung wirkt ja auf unsere Vorstellung davon, was ein guter Partner ist, ein, und meist ist uns dies nicht bewusst – vielleicht haben wir unser Partnerbild aus James-Bond-Filmen oder Fernsehshows. Auf jeden Fall haben wir die gesellschaftlichen Mythen von Liebe und Romantik verinnerlicht und suchen daher immer ein *Happy End* wie im Märchen.

Manchmal beziehen diese geistigen Bilder sich auf unsere Beziehungen. So tragen wir vielleicht eine Vorstellung mit uns herum, die uns eine konfliktfreie Beziehung als Idealbild vorgaukelt. Also suchen wir uns einen passiven oder ko-abhängigen Partner, der uns hilft, diese Vorstellung, dass wir niemals streiten, aufrechtzuerhalten. Gewöhnlich lässt sich solch ein geistiges Bild direkt bis zu unserem Selbstbild zurückverfolgen, also der Art, wie wir uns gerne sehen und wie wir von anderen gesehen werden wollen.

Fragen an uns selbst

(Schreiben Sie die Antworten nieder oder teilen Sie sie Ihrem Partner bzw. Ihrem potenziellen Partner mit.)

In Hinblick auf Beziehungen:

1. Möchte ich mit einem einflussreichen Menschen zusammen sein, um mich selbst mächtiger bzw. weniger machtlos zu fühlen oder zumindest so zu erscheinen?
2. Möchte ich mit einem vollkommenen Menschen zusammen sein, um mich selbst vollkommener bzw. weniger unvollkommen zu fühlen oder zumindest so zu erscheinen?
3. Möchte ich mit einem liebevollen Menschen zusammen sein, um mich selbst liebenswerter bzw. weniger ungeliebt zu fühlen oder zumindest so zu erscheinen?
4. Möchte ich mit einem fähigen Menschen zusammen sein, um mich selbst fähiger bzw. weniger unfähig zu fühlen oder zumindest so zu erscheinen?
5. Möchte ich mit einem gebildeten Menschen zusammen sein, um mich selbst gebildeter bzw. weniger ungebildet zu fühlen oder zumindest so zu erscheinen?
6. Möchte ich mit einem Menschen zusammen sein, der viel zu leisten vermag, damit ich mich selbst leistungsfähiger bzw. weniger unzulänglich fühle oder zumindest so erscheine?
7. Möchte ich mit einem wertvollen Menschen zusammen sein, um mich selbst wertvoller bzw. weniger wertlos zu fühlen oder zumindest so zu erscheinen?
8. Möchte ich mit einem kontaktfreudigen Menschen zusammen sein, um mich selbst mehr in Kontakt bzw. weniger allein zu fühlen oder zumindest so zu erscheinen?
9. Möchte ich mit einem Menschen zusammen sein, der über hohes Ansehen verfügt, um mich selbst vollständiger zu fühlen oder zumindest so zu erscheinen?

10. Wie möchte ich in puncto Beziehungen anderen überhaupt erscheinen?
11. In puncto Beziehungen: Wie möchte ich, dass mein Partner anderen erscheint?
12. Ich möchte nicht, dass mein Partner als ... betrachtet wird.
13. Der perfekte Partner für mich sah in den Augen meiner Mutter so aus: ...
14. Der perfekte Partner für mich sah in den Augen meines Vaters so aus: ...
15. In puncto Beziehungen wurde in meiner Familie Folgendes nicht akzeptiert: ...
16. In puncto Beziehungen war in meiner Familie Folgendes wichtig: ...
17. In puncto Beziehungen wünsche ich mir einen vollkommenen Menschen, damit ...
18. In puncto Beziehungen wünsche ich mir einen wertvollen Menschen, damit ...
19. In puncto Beziehungen wünsche ich mir einen leistungsfähigen Menschen, damit ...
20. In puncto Beziehungen wünsche ich mir einen einflussreichen Menschen, damit ...
21. In puncto Beziehungen wünsche ich mir einen kontaktfreudigen Menschen, damit ...
22. In puncto Beziehungen wünsche ich mir einen angesehenen Menschen, damit ...
23. In puncto Beziehungen wünsche ich mir einen erfahrenen Menschen, damit ...
24. In puncto Beziehungen wünsche ich mir einen liebevollen Menschen, damit ...
25. In puncto Beziehungen wünsche ich mir einen gesunden Menschen, damit ...

Gehen Sie nun Ihre Antworten durch und achten Sie darauf, ob sie Ihnen etwas in Hinblick auf Ihre Partnerwahl sagen. Wie viel liegt Ihnen daran, dieses oder jenes Bild (oder sein Gegenteil) in Ihrem

Partner bzw. Ihrer Beziehung reflektiert zu sehen? Würden Sie mit diesem Menschen zusammenbleiben, wenn dieses Bild sich ändern würde? Würden sich Ihre Gefühle für ihn in diesem Fall ändern? Wenn ja, wie?

Zweites Beispiel aus der Paartherapie

George und Paula kamen aus Maine (USA). Sie nahmen an einem Seminar über Quantenpsychologie teil und erklärten sich bereit an ihrer Beziehung zu arbeiten, um mir die Darstellung der quantenpsychologischen Methoden der Paartherapie zu ermöglichen. Während des Seminars hatte George an seinem Falschen Kern „Ich bin wertlos." gearbeitet, während Paulas Thema war: „Ich bin unzulänglich." In der im Folgenden dargestellten Sitzung ging es darum, wie George und Paula einander durch die Brille ihres jeweiligen Falschen Kerns wahrnahmen und wie sie die Automatik dieser Wahrnehmung durchbrechen konnten.

Stephen: (Zu George) Wer vermittelte dir zuerst das Gefühl der Wertlosigkeit?

George: Meine Mutter.

Stephen: Und wer war dein Modell für das Beweisen deines Wertes?

George: Mein Vater.

Stephen: (Zu Paula) Wer war dein Modell für den Beweis, dass du nicht unzulänglich bist?

Paula: Meine Mutter.

Stephen: Wie wirkt sich das auf eure Beziehung aus?

George: Mir ist klar, dass ich das Bild meiner Mutter auf Paula projiziere.

Paula: Ich projiziere das Bild meines Vaters auf George. Meine Eltern ließen sich scheiden, als ich noch klein war. Ich fühlte mich von meinem Vater verlassen. Ich war seine Lieblingstochter. Wir waren eins und dann war er plötzlich nicht mehr da. Mir ist mittlerweile klar, dass ich von George verlange, er solle mir das geben, was ich von meinem Vater nicht bekommen konnte.

Stephen: George wird für dich zu deinem Vater. Könnt ihr mir ein Problem erzählen, das dadurch in eurer Beziehung entsteht?

George: Ich hatte immer das Gefühl, in Paulas Augen mehr ein Vater als ein Ehemann zu sein. Als ich noch klein war, war mein

Vater sehr oft unterwegs, sodass ich ihn ersetzen und mich um meine Mutter kümmern musste.

Therapeutische Anmerkung:

Dies ist ein glänzendes Beispiel dafür, wie die Verhaltensmuster von Übertragung und Gegenübertragung in einer Beziehung zusammenspielen können. Keiner der beiden Partner geht mit dem anderen eine Beziehung in der Gegenwart ein.

Stephen: Du hast also deinen Vater ersetzt und versucht deinen Wert zu beweisen, so wie dein Vater es tat. George versucht also, seinen Wert unter Beweis zu stellen. Und Paula?

Paula: Ich nehme die Identität des kleinen Mädchens an, um mehr Aufmerksamkeit zu bekommen.

Stephen: George, bitte such in deinem Körper die Identität des „wertlosen kleinen Jungen" und die Identität dessen, „der seinen Wert unter Beweis stellen muss". Schick diese beiden Gestalten nun in die andere Ecke des Raumes. Du, Paula, tust dasselbe mit der Identität des „unzulänglichen kleinen Mädchens" und mit der Identität, die „ihre Fähigkeiten beweisen muss". Nun nimmst du, George, ganz langsam die Identität des wertlosen Jungen an und siehst durch seine Augen. Wie erscheint dir Paula, wenn du sie durch diese Brille wahrnimmst?

George: Sie ist jemand, der mir helfen kann, meinen Wert unter Beweis zu stellen. Ich habe nun ein Gefühl von größerer Distanz zu ihr. Ich habe den Eindruck in diese Reaktion hineingestoßen worden zu sein und gebe ihr die Schuld daran.

Stephen: (Zu Paula) Wenn George diese „Brille" aufsetzt, fühlst du dich dann gedrängt, die Brille „Ich muss meine Fähigkeiten beweisen"aufzusetzen?

Paula: Ja, genau! Und ich habe den Eindruck, dass ich *Erwartungen* wecke. Ich fühle mich ängstlich, so als würde ein bestimmter Druck auf mir liegen.

Stephen: Jetzt nimmt jeder von euch die Brille wieder ab. Spürt die Wärme und die Liebe, die in eurem Zusammenklang von Essenz zu Essenz steckt.

Therapeutische Anmerkung:
Indem die Partner mehrere Male hintereinander die „Brillen" ihres Falschen Selbst aufsetzen und wieder abnehmen, lernen sie die Wirkung erkennen, die diese Sicht auf den anderen (aus dem Falschen Kern heraus) auf ihre Beziehung hat.

Stephen: George, du setzt nun die „Wertlos-Brille" auf, siehst Paula an und sagst: „Du, Paula, bist nicht meine Mutter, mein Vater, mein Lehrer, meine Schwester etc."

George: Du, Paula, bist nicht meine Mutter, mein Vater, mein Lehrer, meine Schwester etc.

Stephen: Stell dir nun vor, dass all diese Menschen um sie herumstehen. Wenn sie nicht diese Bilder ist, wie fühlt es sich dann an, wenn du sie ansiehst?

George: Ich bin ihr näher.

Stephen: Nun setzt du wieder die Wertlos-Brille auf, siehst hindurch und sagst mir, an welchem Punkt Paula den hier versammelten Figuren (Bildern) ähnelt.

George: *Ich bin wertlos* und sie ist es nicht. Diese Identitäten sehen auf mich herab, wie Paula es tut (wenn ich in meinem Falschen Kern bin).

Stephen: Jetzt nimmst du die Brille wieder ab und sagst mir, an welchem Punkt Paula sich von diesen Menschen unterscheidet.

George: Paula fühle ich mich nahe. Mit anderen spüre ich eine andere Art von Nähe. Denn mit Paula fühle ich mich wohl, mit den anderen nicht. Paula ist meine Liebste, die anderen sind das nicht.

Therapeutische Anmerkung:

Die Assoziationstrance setzt ein, wenn der Betroffene den Kontakt zur Gegenwart verliert und den Partner mit seinen Eltern oder verschiedenen „wichtigen Menschen aus der Vergangenheit" assoziiert, wie das bei George der Fall war. Diese Trance geht immer mit dem Falschen Kern (und seiner Brille) einher. In der Essenz gibt es keine Assoziationen und keine Brillen. Der heftige Drang, die Brille wieder aufzusetzen, muss abtrainiert werden.

Stephen: Paula, setz dir die Brille des kleinen Mädchens auf und sag mir, wie George durch diese Brille aussieht. Welche Ähnlichkeiten zwischen George und deinem Vater gibt es?

Paula: Er sieht Furcht erregend aus.

Stephen: Nimm die Brille ab und sag mir, an welchem Punkt George sich von deinem Vater unterscheidet.

Paula: Er ist ein ganz anderer Mensch.

Stephen: George, nimm die Identität an, die „ihren Wert unter Beweis stellen" muss. Sieh Paula durch diese Brille an und sag: „Du bist Paula. Du bist nicht meine Mutter oder Tochter oder Schwester. Du bist nicht mein Bruder etc."

George: Du bist Paula. Du bist nicht meine Mutter oder Tochter oder Schwester. Du bist nicht mein Bruder etc.

Stephen: Lass die Brille an. Sieh all diese Figuren um Paula herumstehen. Nun schaffst du dir bewusst den Abstand, den du spürst, wenn du diese Brille trägst. Achte darauf, wie Paula dir erscheint, während du so vorgehst. Mach das mehrere Male hintereinander.

George: Paula sieht ärgerlich aus. Sie ist weit entfernt von mir.

Stephen: Nun löst du diese Wahrnehmung auf. Achte darauf: Solange diese Wahrnehmung da ist, kommt es zu einer Trennung: Paula ist nicht diese Figuren. Tu dies mehrere Male hintereinander.

George: Wenn ich sie mit diesen Figuren verschmelze, entfernt sie sich. Sehe ich sie getrennt von ihnen, kommt sie mir näher.

Stephen: Wo in deinem Körper fühlst du die essenzielle Liebe?

George: Im Herzen.

Stephen: Lass diese Liebe nun deinen ganzen Körper überfluten. (Zu Paula) Setz du dir nun die „Ich muss meine Fähigkeiten beweisen"-Brille auf. Schau durch und sag: „Du bist George. Du bist nicht meine Mutter, meine Tochter, meine Schwester. Du bist nicht mein Bruder etc."

Paula: Du bist George. Du bist nicht meine Mutter, meine Tochter, meine Schwester. Du bist nicht mein Bruder etc.

Stephen: Setz die Brille auf und achte darauf, wie all diese Figuren mit George verschmelzen. Dann nimmst du die Brille ab und nimmst George als nicht mit diesen Figuren verbunden wahr. Tu dies mehrere Male hintereinander.

Therapeutische Anmerkung:

Der erste Schritt ist, dass wir erkennen, welche Auswirkungen es hat, wenn wir unseren Partner durch die Brille einer Identität aus der Vergangenheit wahrnehmen. Dann müssen wir den Partner von den Figuren trennen, die wir auf ihn projizieren. Immer und immer wieder üben wir, den anderen mit und ohne Brille zu sehen und zu erkennen, welchen Unterschied das macht. Liebe und Beziehung in der Gegenwart gehen völlig verloren, solange wir die Brillen des Komplexes aus Falschem Kern und Falschem Selbst tragen.

Stephen: (Zu Paula) Wo in deinem Körper spürst du die essenzielle Liebe?

Paula: In meinem Magen.

Stephen: Lass diese Liebe sich nun über deinen ganzen Körper ausbreiten. Wie geht es euch beiden jetzt?

Paula: Eine unglaubliche Erfahrung. Es war, als wäre George nicht eine, sondern zwei Personen, je nachdem, ob ich die Brille trug oder nicht.

George: Ich spüre ein neues Gefühl der Liebe, stärker als je zuvor.

Schlussbetrachtung

Solange unsere Übertragungs- und Gegenübertragungstrancen noch aktiv sind, sind wir nicht in der Lage, einander in einer Beziehung wirklich zu begegnen. Warum das so ist? Ganz einfach: Wir befinden uns nicht in der Gegenwart, sondern in der Vergangenheit. Wir erwarten vom Partner, dass er mit uns verschmilzt und uns so von unserem Vergangenheitsschmerz befreit.

Verschmelzung und Trennung sind wie Ebbe und Flut –
sie kommen und vergehen.
Jeder Versuch, sich gegen das Getrenntsein zu wehren
und die Wiederverschmelzung absichtlich herbeizuführen,
ist, als würden wir versuchen
den Ozean zu kontrollieren.

Stephen H. Wolinsky

Danksagungen

Ich danke …

… Allen Horne für seine Dienste bei der Herausgabe dieses Buches,

… Susan Mathews-Scott für ihre Fallbeispiele,

… Dorothy und Frank Agneesens, weil sie Carol alles über die Liebe beigebracht haben,

… und Carol Agneesens für ihren Artikel über die biologische Dimension von Beziehungen.

Literaturverzeichnis

AGNEESENS, C.: *Fabric of wholeness: Biological intelligence and relational gravity*, Capitola (Kalifornien): Quantum Institute, 2000

ARICA INSTITUTE: *The Arican*, New York: Arica Institute, 1989

BLANCK, G., und Blanck, R.: *Ego psychology II: Psychoanalytic developmental psychology*, New York: Columbia University Press, 1979; dt. Ausgabe: *Ich-Psychologie II: Psychoanalytische Entwicklungspsychologie*, Stuttgart: Klett-Cotta, 1989

BOLLAS, CHR.: *The shadow of the object: Psychoanalysis of the unthought known*, New York: Columbia Univ. Press, 1987; dt. Ausgabe: *Der Schatten des Objekts. Das ungedachte Bekannte. Zur Psychoanalyse der frühen Entwicklung*, Stuttgart: Klett-Cotta, 1997

BOLLAS, CHR.: *Furies of destiny: Psychoanalysis and human idiom*, London: Free Association Books, 1989

BOURLAND, D., UND JOHNSON, P.: *To be or not: An e-prime anthology*, San Francisco: International Society for General Semantics, 1991

HORNER, A. J.: *Object relations and the developing ego in therapy*, Northridge/New Jersey: Jason Arunson, 1985

JOHNSON, S. M.: *Humanizing the narcissistic style*, New York: Arica Institute, 1987; dt. Ausgabe: *Der narzißtische Persönlichkeitsstil*, Edition Humanistische Psychologie, Köln: Moll und Eckhardt, 1988

JOHNSON, S. M.: *The symbiotic character*, New York und London: W. W. Norton, 1991

KORZYBSKI, A.: *Science and sanity*, Englewood/New Jersey: Institute for General Semantics, 1993

KORZYBSKI, A.: *Selections from Science and sanity*, Englewood/New Jersey: International Non-Aristotelian Library Publishing Comp., 1962

IRVING, J. L.: *Language habits in human affairs*, Englewood/New Jersey: International Society for General Semantics, 1941

MAHLER, M.: *On the human symbiosis and vicissitudes of individuation*, New York: International Universe Press, 1968; dt. Ausgabe: *Symbiose und Individuation*, Stuttgart: Klett-Cotta, 1992

MARSHALL, R. J., UND MARSHALL, S. V.: *The transference-counter-transference matrix: The emotional-cognitive dialogue in psychotherapy, psychoanalysis and supervision*, New York: Columbia Univ. Press, 1988

MCKAY, M., DAVIS, M., UND FANNING, P.: *Thoughts and feelings: The art of cognitive stress intervention*, Oakland/Kalifornien: Harbinger Publications, 1981

NARANJO, C.: *Enneatype structures: Self analysis for the seeker,* Gateways IDHHB, 1990; dt. Ausgabe: *Erkenne dich selbst im Enneagramm,* München: Kösel, 1994

NICOLL, M.: *Psychological commentaries on the teachings of Gurdjieff and Ouspensky,* Band 1, Boulder/London: Shambhala, 1984

NISARGADATTA, MAHARAJ: *I am that,* Durham/NC: Acorn Press, 1994; dt. Ausgabe: *Ich bin. Gespräche mit Sri Nisargadatta Maharaj,* Bielefeld: Context, 1989

OUSPENSKY, P. D.: *In search of the miraculous,* New York: Harcourt, Brace and World, 1949; dt. Ausgabe: *Auf der Suche nach dem Wunderbaren,* Weilheim: Barth, 1966

PALMER, H.: *The enneagram,* New York: Harper & Row, 1988; dt. Ausgabe: *Das Enneagramm. Sich selbst und andere verstehen lernen,* München: Droemer Knaur 1998

REICH, W.: *The function of orgasm. The discovery of the orgon,* New York: World Publishing, 1942; dt. Ausgabe: *Die Entdeckung des Orgons. Die Funktion des Orgasmus,* Frankfurt/Main: Kiepenheuer & Witsch, o. J.

SINGH, J.: *Vijnanabhairava or divine consciousness,* Delhi: Motilal Banarsidass, 1979

SUZUKI, S.: *Zen mind, beginner's mind,* New York: Weatherhill, 1970; dt. Ausgabe: *Zen-Geist, Anfänger-Geist,* Berlin: Theseus, 2000

WEINBERG, H. L.: *Levels of knowing and existence: Studies in general semantics,* Englewood/New Jersey: Institute of General Semantics, 1959

WOLINSKY, ST. H.: *Trances people live: Healing approaches to quantum psychology,* Norfolk/CT: Bramble Books, 1991; dt. Ausgabe: *Die alltägliche Trance. Heilungsansätze in der Quantenpsychologie,* Freiburg: Lüchow, 1993

WOLINSKY, ST. H.: *The dark side of the inner child,* Norfolk/CT: Bramble Books, 1993; dt. Ausgabe: *Die dunkle Seite des inneren Kindes. Der nächste Schritt,* Freiburg: Lüchow, 1995

WOLINSKY, ST. H.: *Quantum consciousness,* Norfolk/CT: Bramble Books, 1993; dt. Ausgabe: *Quantenbewußtsein. Das experimentelle Handbuch der Quantenpsychologie,* Freiburg: Lüchow, 1994

WOLINSKY, ST. H.: *The tao of chaos: Quantum consciousness vol. II,* Norfolk/CT: Bramble Books, 1994; dt. Ausgabe: *Das Tao des Chaos. Quantenbewußtsein und das Enneagramm,* Freiburg: Lüchow, 1996

WOLINSKY, ST. H.: *Hearts on fire,* Norfolk/CT: Bramble Books, 1995; dt. Ausgabe: *Das Tao der Meditation. Praktische Methoden der Selbsterkenntnis,* Freiburg: Lüchow: 1997

WOLINSKY, ST. H.: *The way of the human. The enneagram and beyond,* 1996; dt. Ausgabe: *Jenseits des Enneagramms. Der Weg des Menschen in der Quantenpsychologie,* Freiburg: Lüchow, 1998

WOLINSKY, ST. H.: *The way of the human. The quantum psychology notebooks, vol. I: Developing multi-dimensional awareness,* Capitola/Kalifornien: Quantum Institute, 1999; dt. Ausgabe: *Der Weg des Menschen: Notizbücher zur Quantenpsychologie,* Band 1, München: Econ-Ullstein-List, 2001

WOLINSKY, ST. H.: *The way of the human. The quantum psychology notebooks, vol. II: The False Core and the False Self,* Capitola/Kalifornien: Quantum Institute, 1999

WOLINSKY, ST. H.: *The way of the human. The quantum psychology notebooks, vol. III: Beyond quantum psychology,* Capitola/Kalifornien: Quantum Institute, 1999

WOLINSKY, ST. H.: *The beginner's guide to quantum psychology*, Capitola/Kalifornien: Quantum
    Institute, 2000; dt. Ausgabe: *Die Essenz der Quantenpsychologie. Durchschauen, wer wir
    nicht sind*, Kirchzarten: VAK, 2001
WOLINSKY, ST. H.: *I am that I am: A tribute to Sri Nisargadatta Maharaj*, Capitola/Kalifornien:
    Quantum Institute, 2000

Über den Autor

Dr. Stephen H. Wolinsky begann seine Laufbahn 1974 in Kalifornien, wo er auch heute wieder lebt. Er war zunächst Therapeut und Ausbilder in Gestalttherapie und Psychoanalyse nach Wilhelm Reich. Darüber hinaus studierte er klassische Hypnose, Psychosynthese, Psychodrama/Psychomotorik und Transaktionsanalyse. 1977 ging er nach Indien und widmete sich dort sechs Jahre dem Studium der Meditation und spiritueller Lehren. 1982 nahm er seine Tätigkeit als Psychologe in den USA wieder auf und leitete Ausbildungskurse in Ericksonscher Hypnose und Familientherapie. In der darauf folgenden Zeit begründete er die Quantenpsychologie, hielt entsprechende Seminare (auch beim Institut für Angewandte Kinesiologie Freiburg) und schrieb mehrere Bücher dazu. In Deutsch sind bisher erschienen:

- *Die alltägliche Trance. Heilungsansätze in der Quantenpsychologie*
- *Die dunkle Seite des inneren Kindes. Der nächste Schritt in der Quantenpsychologie*
- *Quantenbewußtsein. Das experimentelle Handbuch der Quantenpsychologie*
- *Das Tao des Chaos. Quantenbewußtsein und das Enneagramm*
- *Das Tao der Meditation. Praktische Methoden der Selbsterkenntnis*
- *Jenseits des Enneagramms. Der Weg des Menschen in der Quantenpsychologie*
- *Notizbücher zur Quantenpsychologie, Band 1*
- *Die Essenz der Quantenpsychologie. Durchschauen, wer wir nicht sind*

Wolfgang Bernard:

In sich hinausgehen

Mit NLP zum Ur-Credo

180 Seiten, ISBN 3-924077-80-0

Viele Menschen spüren Sehnsucht nach etwas, das über den persönlichen Alltag hinausgeht. Den Zugang zu diesem alles vereinenden Bewußtsein versperrt uns ein elementares Glaubenssystem: unser »Ur-Credo«, aus dem sich unsere »trennende Identität«, unser Ich entwickelt hat. Dieses Buch zeigt den Weg zum Entdecken unseres »essentiellen Wertes«.

Manfred Clynes:

Auf den Spuren der Emotionen

Mit einem Geleitwort von Yehudi Menuhin

349 Seiten, ISBN 3-924077-30-4

Der Autor zeigt, dass elementare Emotionen wie Freude, Zorn, Liebe bei allen Menschen gleich sind – weil ihre biologische Grundlage (im genetischen Code) allen gemeinsam ist; diese biologische Gemeinsamkeit ist eine notwendige Voraussetzung für jegliche Kommunikation. Ein Übungsteil beschreibt, wie man sieben Emotionen in vorgegebener Reihenfolge bewusst durchleben kann. Diese Übungen lockern emotionale Sperren, fördern unsere emotionale Kommunikation mit anderen und führen zu innerem Frieden.

Fred P. Gallo:

Energetische Psychologie

325 Seiten, ISBN 3-932098-75-7

Gallo schildert die Grundlagen dieser neuen Richtung der Psychologie und erklärt das neuartige Paradigma: psychische Probleme als Energiestörungen. Er beschreibt die psychotherapeutische Anwendung von Test- und Balancetechniken, die in ähnlicher Weise in der Angewandten Kinesiologie eingesetzt werden, und gibt detaillierte Hinweise zur Klopfakupressur bei psychischen Problemen wie Traumata, Phobien, Süchten und Depressionen.

Ein einführendes Handbuch für Psychologen, Therapeuten, Kinesiologieanwender und psychologisch interessierte Laien.